Regina B. und Rolf B. Baumeister (Hrsg.)

Multiplan

Anwender-Software

Multiplan
herausgegeben von Regina B. und Rolf B. Baumeister

Word
herausgegeben von Regina B. und Rolf B. Baumeister

Chart
herausgegeben von Regina B. und Rolf B. Baumeister

Project
herausgegeben von Regina B. und Rolf B. Baumeister

dBASE III – Eine anwenderorientierte Einführung
von Robert A. Byers

Aufbau und Struktur einer Datenbank mit dBASE II
von Ron Freshman

Vieweg

Software Training

Regina B. und Rolf B. Baumeister (Hrsg.)

Multiplan

Von Gisela Semrau

Springer Fachmedien Wiesbaden GmbH

CIP-Kurztitelaufnahme der Deutschen Bibliothek

Semrau, Gisela:
Multiplan / von Gisela Semrau. Regina B. u. Rolf B.
Baumeister (Hrsg.). — Braunschweig; Wiesbaden:
Vieweg, 1985.
  (Software Training)

Das in diesem Buch enthaltene Programm-Material ist mit keiner Verpflichtung oder Garantie irgend-
einer Art verbunden. Der Autor übernimmt infolgedessen keine Verantwortung und wird keine daraus
folgende oder sonstige Haftung übernehmen, die auf irgendeine Art aus der Benutzung dieses Programm-
Materials oder Teilen davon entsteht.

Umschlaggestaltung: Ludwig Markgraf, Wiesbaden
Satz: Vieweg, Braunschweig
ISBN 978-3-663-19882-6   ISBN 978-3-663-20222-6 (eBook)
DOI 10.1007/978-3-663-20222-6

Inhaltsverzeichnis

Sachwortverzeichnis

Vorwort

Das Multiplan-Buch ist der erste Band der Baumeister Colleg-Serie "Software-Training".

Bevor Sie voll einsteigen, möchten wir Ihnen unsere Institution, das Anwenderprogramm Multiplan und den strukturellen Aufbau des Buches vorstellen.

Seit Jahren führt das Baumeister Colleg in allen größeren Städten Deutschlands und des angrenzenden Auslands Seminare, Schulungen und Beratungen durch. Diese Schulungen haben unsere Referenten und Dozenten zu Spezialisten gemacht. Als besonders geeignet für einen breiten Einsatzbereich haben sich die Microsoft-Produkte Multiplan, Word, Chart und Project erwiesen.

Das Baumeister Colleg, das auch über eine eigene Abteilung für Dokumentationen, Hand- und Lehrbücher verfügt, entwickelt die Seminar- und Schulungsunterlagen selbst. Die Rückkoppelung zum Software-Einsatz in Unternehmen aller Art, und die Erfahrungen aus dem alltäglichen Kontakt mit den Anwendern wird von unseren Autoren, den Software-Trainern, besonders berücksichtigt und in die Bücher umgesetzt.

Multiplan ist ein sehr anwenderfreundliches Kalkulationsprogramm, dessen sinnvoller Einsatz mit Hilfe der Baumeister Colleg-Serie "Software-Training" schnell zu erlernen ist.

Mit Multiplan werden Finanzplanungen durchgeführt, Investitionsentscheidungen getroffen oder Kalkulationen erstellt. Sie können Listen oder Tabellen anfertigen. Außerdem können Arbeitsblätter miteinander verknüpft oder der Inhalt von Arbeitsblättern in das Textverarbeitungsprogramm Word übernommen werden. In Word werden dann die Formate und die Formatierungen des Arbeitsblattes gestaltet. Das Lehrbuch Word ist ebenfalls in der Baumeister Colleg-Serie zu erhalten.

Mit der Baumeister Colleg-Serie "Software-Training" erhalten Sie immer ein anwenderspezifisches Lehrbuch, das der ideale Lehrbegleiter ist.

Das Lehrbuch ist in 4 Kapitel aufgeteilt. Jedes Kapitel beschreibt ein vollständiges Arbeitsblatt bis zur Abspeicherung. Die Kapitel sind jeweils in Abschnitte unterteilt. Jeder einzelne Lernschritt wurde von Multiplan-Laien getestet.

Nach einem abgeschlossenen Kapitel folgt eine Übung, die sich jeweils auf die direkt im Kapitel davor erlernten Befehle bezieht. Die Lösungen zu den einzelnen Übungen finden Sie im Anhang A.

Der Anhang B enthält ein Kapitel zum Arbeiten mit der MOUSE, und eine Beschreibung zur Verbindung zwischen Multiplan und Word und zwischen Multiplan und Chart.

In einem Multiplan-Seminar können Sie unseren Referenten „mal eben" fragen, wenn Sie eine Anwendung vergessen haben; wir lassen Sie auch in unserem Buch nicht im Stich — befragen Sie die alphabetisch geordnete Vorgangsliste.

Der Dank der Herausgeber richtet sich in erster Linie an Gisela Semrau, die Autorin des Multiplan-Buches. Unsere bewährte Software-Trainerin Frau Semrau hat die ihr gestellte Aufgabe, nämlich den Endanwender umfassend mit dem Einsatz von Multiplan vertraut zu machen, souverän gelöst.

Ihnen, lieber Multiplan-Anwender, wünschen wir viel Freude und Erfolg.

Witten, im Juni 1985
Die Herausgeber

Regina Beate Baumeister
Rolf B. Baumeister

Struktureller Aufbau des Lehrbuches

Multiplan ist in 4 Kapitel aufgeteilt. Jedes Kapitel beschreibt ein vollständiges Arbeitsblatt bis zur Abspeicherung. Die Kapitel sind jeweils in Abschnitte unterteilt.

Nach einem abgeschlossenen Kapitel folgt eine Übung, die sich jeweils auf die im Kapitel erlernten Befehle bezieht. Die Lösungen zu den einzelnen Übungen finden Sie im Anhang A.

Im Anhang B befinden sich ein Kapitel zum Arbeiten mit der MOUSE und eine Beschreibung zur Verbindung zwischen Multiplan und Word und zwischen Multiplan und Chart.

Zusätzlich existiert eine Vorgangsliste, in der Bearbeitungshilfen in alphabetischer Ordnung angegeben sind. Sie können diese Liste zu Rate ziehen, wenn Sie die ersten selbstständigen Multiplan-Dateien erstellen.

1 Einleitung

Vor dem Arbeitsbeginn mit Multiplan gilt es einige Arbeiten durchzuführen. Das ist das Formatieren einer Diskette, das Laden des Software-Pakets Multiplan, das Verstehen des Bildschirmaufbaus und der Tastatur.

1.1 Formatieren einer leeren Diskette

Sie werden zum Arbeiten mit Multiplan zum einen die Multiplan-Programmdiskette und zum anderen eine Diskette, auf der Ihre Daten (Datendiskette) abgespeichert werden können, benötigen. Um Daten auf einer Diskette speichern zu können, muß man diese vorher formatieren.

Das Formatieren einer Diskette geht folgendermaßen:

- Schalten Sie Ihr Gerät ein.
- Legen Sie die Betriebssystemdiskette in das Laufwerk a: ein.
- Legen Sie die leere Diskette in das Laufwerk b: ein.
- Wenn Sie auf dem Bildschirm die Anzeige A> sehen, ist Ihr Betriebssystem geladen und Sie können den Befehl zum Formatieren eingeben.
- Schreiben Sie hinter die Anzeige A> die Anweisung *format b*: und drücken Sie die Return-Taste. Bitte bedenken Sie bei jeder Eingabe: Jeder Befehl muß immer mit der Return-Taste bestätigt werden. Der Computer akzeptiert Befehle nur, nachdem Sie die Return-Taste gedrückt haben.
- Danach folgt eine Auskunft, die besagt, daß Sie die Diskette in Laufwerk b: einlegen und eine beliebige Taste zur Durchführung des Befehls betätigen sollen.
- Es erscheint auf dem Bildschirm die Anzeige, daß das System die Diskette formatiert.
- Das System teilt Ihnen außerdem mit, wann die Formatierung beendet ist.
- Die Abfrage, ob Sie eine neue Diskette formatieren wollen oder nicht, bestätigen Sie beliebig, mit *J*, wenn Sie weitere Disketten formatieren wollen, oder mit *N*, wenn Sie keine mehr formatieren wollen.

1.2 Laden des Anwenderprogrammes Multiplan

Wenn Sie einen PC (Personal Computer) mit zwei Laufwerken haben, legen Sie zum Start des Computers die Betriebssystemdiskette in das Laufwerk A ein. Sobald das Betriebssystem sich im Arbeitsspeicher befindet (auf dem Bildschirm erscheint die Meldung A>), entnehmen Sie die Betriebssystemdiskette und legen Sie die Programmdiskette Multiplan in Laufwerk A ein. Geben Sie das Kürzel für das Anwenderprogramm direkt hinter der Bildschirmanzeige ein, d.h. in diesem Fall *mp,* und betätigen Sie die Return-Taste.
Mit diesem Befehl laden Sie das Programm in den Arbeitsspeicher.
Eine HDU (Hard Disk Unit) — das ist eine Festplatte — brauchen Sie nur einzuschalten und aus dem Menü das entsprechende Anwenderprogramm auszuwählen. Vorausgesetzt natürlich, daß sowohl das Anwenderprogramm als auch das Betriebssystem auf Ihrer Festplatte installiert worden sind.
Sollte beim Einschalten der Festplatte kein Menü erscheinen (andere Form der Installation), sondern die Anzeige C>, geben Sie ebenfalls das Kürzel **mp** zum Laden von Multiplan ein.

1.3 Bildschirmaufbau beim Anwenderprogramm Multiplan

Nach dem Laden von Multiplan stellt sich der Bildschirm wie folgt dar:
In der oberen linken Ecke des Bildschirmes befindet sich der Cursor (Lichtbalken). Der Cursor deckt jeweils ein Feld ab. Vom Programm vorgegeben ist das Feld 10 Zeichen lang. Man kann also z.B. einen Text, der aus 10 Buchstaben besteht, in dieses Feld eingeben. Falls erforderlich, besteht die Möglichkeit, die Feldbreite zu verändern. Der Cursor läßt sich mit Hilfe der Cursor-Steuertasten nach oben, unten, rechts oder links bewegen.
Ferner ist der Bildschirm in sieben Spalten und 20 Zeilen aufgeteilt. Das gesamte Arbeitsblatt hat eine Breite von 63 Spalten und eine Länge von 255 Zeilen. Innerhalb dieses Bereiches können Eintragungen vorgenommen werden.

Um in die Zeile 15 Spalte 20 zu gelangen, gehen Sie bitte folgendermaßen vor:

- Drücken Sie die Cursorsteuertaste nach unten (Pfeil unterhalb der 2), bis der Cursor in der Zeile 15 Spalte 1 steht
- Betätigen Sie dann die Cursorsteuertaste nach rechts (Pfeil unterhalb der 6). Der Cursor wandert nun in Zeile 15 nach rechts.
- Drücken Sie die Cursorsteuertaste nach rechts, bis die Spaltennummer 20 auf dem Bildschirm erscheint.
- Wenn Sie den Cursor richtig positioniert haben, nämlich in Zeile 15 Spalte 20, muß in der linken unteren Bildschirmecke die Anzeige Z15S20 erscheinen.

Die beiden anderen Cursorsteuertasten unterhalb der 8 und unterhalb der 4 bewegen den Cursor ebenfalls in die angegebene Pfeilrichtung. Probieren Sie aus, wie das funktioniert.

Mit Hilfe der Anzeige in der linken unteren Bildschirmecke können Sie jeweils überprüfen, in welcher Zeile und Spalte sich der Cursor befindet.

Wenn Sie die Taste HOME unterhalb der 7 betätigen, springt der Cursor zurück in Zeile 1 Spalte 1. Haben Sie das getestet?

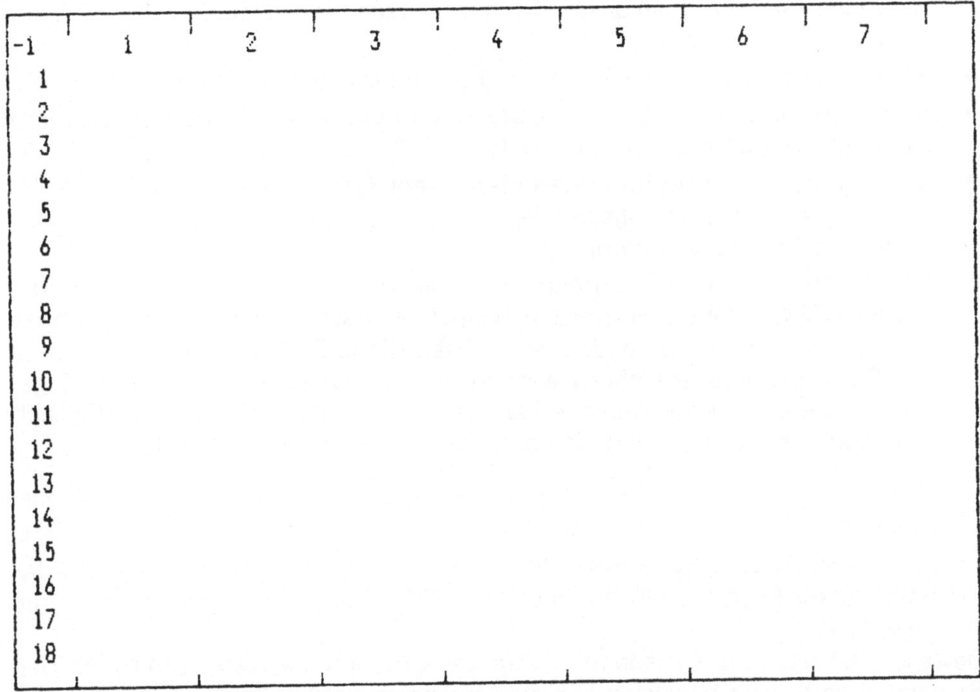

Bild 1.1

Am unteren Rand des Bildschirmes sehen Sie das Befehlsmenü. Das Befehlsmenü ist während des ganzen Arbeitsvorgangs sichtbar und kann ständig angewählt werden. Man wählt einen Befehl an, indem man entweder den Anfangsbuchstaben des Befehls eingibt oder so lange die Leertaste betätigt,
bis der entsprechend angewählte Befehl aufleuchtet.
Der erste Befehl, den Sie jeweils vor Arbeitsbeginn anwählen müssen, wenn
Sie einen PC mit zwei Laufwerken haben, ist der Befehl Übertragen. Gehen
Sie folgendermaßen vor:

● Betätigen Sie die Leertaste, bis der Cursor den Befehl übertragen erleuchtet.

● Betätigen Sie die Return-Taste, um den Befehl zu bestätigen.

● Betätigen Sie die Leertaste, bis der Befehl Optionen erleuchtet wird und
  bestätigen Sie den Befehl mit der Return-Taste.

● Sie befinden sich nun im Unterbefehlsmenü ÜBERTRAGEN OPTIONEN
  Format: Normal Symbolisch Fremd
  Laufwerk/Inhaltsverzeichnis:

● Die Optionen müssen während der gesamten Bearbeitung mit Multiplan
  auf NORMAL stehen. Hinter Laufwerk/Inhaltsverzeichnis geben Sie bitte
  b: ein. Die Eingabe b: bedeutet, daß sämtliche Dateien, die Sie im Laufe
  der Bearbeitung abspeichern werden, auf die Diskette in Laufwerk B gebracht werden, und nicht etwa auf die Programmdiskette, die sich
  während des gesamten Arbeitsvorgangs im Laufwerk A befindet.

In der unteren linken Ecke des Bildschirms befindet sich die Anzeige für die
aktuelle Cursor-Position. Wenn Sie die HOME-Taste betätigen, steht in der
Anzeige Z1S1.
Bewegen Sie nun den Cursor mit Hilfe der Cursorsteuertaste (unterhalb der
6) nach rechts, und beachten Sie die Veränderung der Zahlenangabe inner-
halb des Anzeigefeldes.
Die Prozentangabe in der Mitte des unteren Bildschirmrandes gibt an, wieviel
Speicherplatz im Arbeitsspeicher noch für die Eingabe zur Verfügung steht.
Es wird von 100 % verfügbarem Arbeitsspeicherplatz ausgegangen. Sobald Sie
eine Eingabe vornehmen, wird sich die Prozentangabe verändern.
Betätigen Sie die HOME-Taste um in Feld Z1S1 zu gelangen, und geben Sie
dort eine 1 ein. Wie Sie sehen hat sich die Angabe der Speicherkapazität auf
99 % verändert.
In der rechten unteren Bildschirmecke erscheint der Dateiname. Beim Laden des Programms erscheint standardmäßig der Dateiname TEMP. TEMP
steht für temporäre Datei und kann durchaus als Dateiname verwendet werden. In der Regel würden Sie allerdings selbsterdachte und der Anwendung
entsprechende Namen als Dateinamen vergeben. Sehen Sie sich hierzu die
Anmerkung zur Dateinamenverwaltung an.

1.4 Die Tastatur

Die Anweisungen in diesem Buch richten sich nach der IBM-Tastatur. Sollte es vorkommen, daß eine Anweisung nicht mit Ihrer Tastatur übereinstimmt (z.B. die Funktionstaste **F6**), können Sie jederzeit die Hilfsfunktion (die ein durch das Programm vorgegebener Ratgeber ist) und daraus den Unterbefehl **Tastatur** aufrufen.

Die Bezeichnungen der einzelnen Tasten entnehmen sie bitte dem Bild:

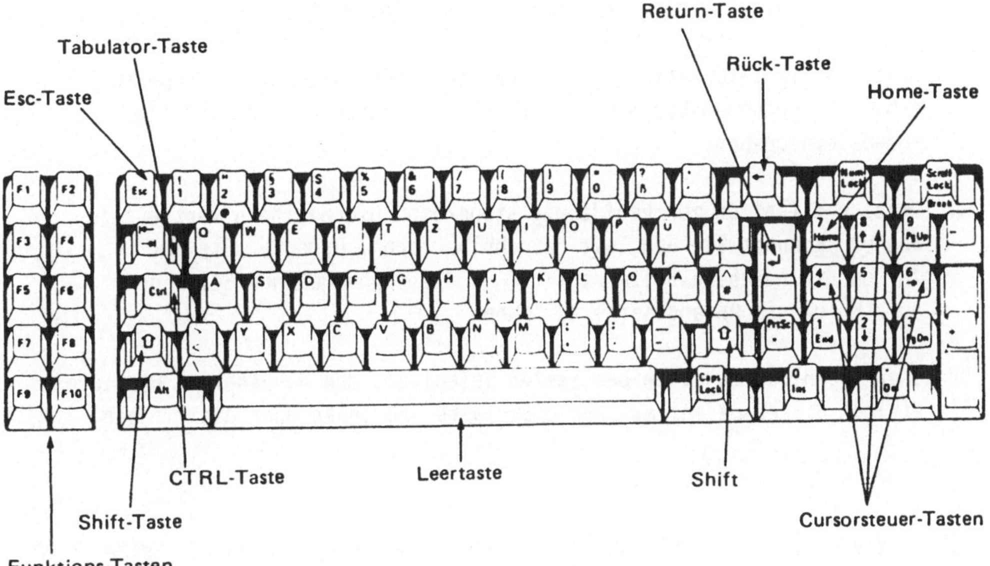

Bild 1.2

1.5 Der Befehl Hilfe

Wenn Sie die Taste **H** drücken, um den Befehl **Hilfe** aufzurufen, erscheint folgende Bildschirmanzeige:

```
Sie haben drei Moeglichkeiten, HILFE in Anspruch zu nehmen:

1.  Waehrend Sie arbeiten , koennen Sie jederzeit die "?" Taste druecken.
    Der auf dem Bildschirm erscheinende Text erlaeutert Ihnen dann den
    gerade benutzten Befehl. Die Rueckkehr in den normalen
    Arbeitsablauf erfolgt durch Druck auf die Taste "W".

2.  Moechten Sie Informationen zu einem der unten aufgefuehrten Themen
    erhalten, brauchen Sie nur den Anfangsbuchstaben des gewuenschten
    Themas einzugeben.

3.  Um sich mit allen zur Verfuegung stehenden Informationen vertraut zu
    machen, koennen Sie den Text "durchblaettern". Druecken Sie auf
    "N" um die naechste Seite, auf "V" um die vorhergehende Seite oder
    auf "E" um die Anfangsseite zu sehen.

Brauchen Sie HILFE zu einem bestimmten Befehl aus dem Hauptmenue? Markieren
Sie einfach diesen Befehl mit der LEER-Taste und geben dann das "?" ein.



HILFE: Wiederaufnahme Erklärung_Hilfe Nächste_Seite Vorhergehende_Seite
       Lösungen Befehle Ändern_Vorschläge Formeln Tastatur
Einen Befehl auswählen oder Anfangsbuchstaben eingeben
Z451                            99% frei       Multiplan:
```

Bild 1.3

Bitte lesen Sie sich die Anweisungen der Hilfsfunktion aufmerksam durch, und folgen Sie der Anwenderführung, wie auf dem Bildschirm angezeigt.

2 Das Arbeitsblatt Maschinenstundensatz

Anhand des Beispiels Maschinenstundensatz wird erläutert, welche Multiplan-Befehle Sie zur Erstellung eines Arbeitsblattes benötigen.
In der praxisorientierten Arbeit mit einem Problem, dem Maschinenstundensatz, werden die Befehle

> **Text**
> **Wert**
> **Format**
> **Kopie**
> **Schutz von Feldern**
> **Radieren**
> **Ausschnitt**
> **Name**
> **Bewegen**
> **Funktion SUMME (Liste)**

und die Eingabe von Formeln für die vier Grundrechenarten geübt. Aufgrund der Kenntnisse, die Sie aus diesem umfangreichen Arbeitsblatt erlangen, werden Sie in der Lage sein, eigenständig Multiplan-Modelle für die verschiedensten Bereiche zu erstellen.
In Kapitel 1 wird ein Arbeitsblatt für den Verrechnungssatz für die Maschinenstunden dargestellt werden. Zur Berechnung müssen die folgenden Faktoren berücksichtigt werden:

● Ausfallzeiten/Urlaub

Damit ist die Zeit gemeint, während der wegen Krankheitsausfall oder Urlaub von Mitarbeitern nicht an der zu berechnenden Maschine gearbeitet werden kann.

● Wochenarbeitszeit

Je nach Tarifvertrag oder auch auf der Basis außertariflicher Regelung können hier die unterschiedlichen wöchentlichen Arbeitsstunden eingesetzt werden, an denen die Maschine besetzt ist.

● Kalkulatorische Abschreibung

Die Maschine soll über 4 Jahre abgeschrieben werden; das entspricht einem linearen Abschreibungssatz von 25 %. Da die Maschine durch inflationäre Preissteigerung in 4 Jahren einen höheren Anschaffungspreis haben wird, muß dies bei der Abschreibung mitkalkuliert werden. Die Abschreibung erfolgt also nicht auf der Basis des Anschaffungspreis, sondern sie wird vom voraussichtlichen Wiederbeschaffungswert der Maschine berechnet. Es kann kein ,,genauer'' Abschreibungswert angegeben werden, sondern nur ein ,,kalkulatorischer'', der die Inflationsrate berücksichtigt.

- Kalkulatorische Zinsen

Die kalkulatorischen Zinsen beziehen sich auf den durchschnittlichen Wiederbeschaffungswert und errechnen sich aus einem durch Erfahrungswerte kalkuliertem Zinsfuß.

Wenn man mehrere Maschinen miteinander vergleicht, sind die jeweiligen Parameter verändert und man kann das kostengünstigste Gerät ermitteln. Der Maschinenstundensatz ist somit ein wichtiger Faktor bei der Anschaffung von Maschinen und Geräten.
Ein weiterer wichtiger Faktor zur Berechnung des Maschinenstundensatzes ist der Wiederbeschaffungswert.
Unter der Annahme, daß 1984 die Maschine einen Neuwert von 16.500,– DM hat, würde sich bei linearer Abschreibung über den Zeitraum von 4 Jahren hinweg jedes Jahr ein Abschreibungsbetrag von 25 % = 4.125,– DM ergeben, so daß die Maschine nach Ablauf des Jahres 1987 völlig abgeschrieben wäre.
Sollten wir im Jahre 1988 eine neue Maschine derselben Leistungsfähigkeit als Ersatz für die alte benötigen, müssen wir einen Wiederbeschaffungswert definieren. Hierbei ist zu berücksichtigen, daß höchstwahrscheinlich zwischen 1984 und 1988 eine Preissteigerung stattfinden wird. Bei dieser Berechnung gehen wir nach dem Indexverfahren vor, d.h. wir setzten den jeweils gültigen Preisindex für das Anschaffungsjahr fest. In diesem Falle 126 Punkte für 1984 und 165 Punkte für 1988. Der Wiederbeschaffungspreis ergibt sich dann aus der Formel:

$$\frac{\text{Anschaffungspreis} * \text{Preisindex nach Abschreibung}}{\text{Preisindex Anschaffungsjahr}}$$

Dieser Preis liegt um einen gewissen Betrag höher als der Anschaffungspreis im Jahr 1984. Um nun statt der linearen eine kalkulatorische Abschreibung festzusetzen, müssen wir diesen neuen Wiederbeschaffungspreis durch 4 teilen (25 % AFA), so daß sich ein kalkulatorischer Abschreibungsbetrag von 5401,79 DM ergibt.
Bitte beachten Sie zu diesen Ausführungen auch die grafische Darstellung.

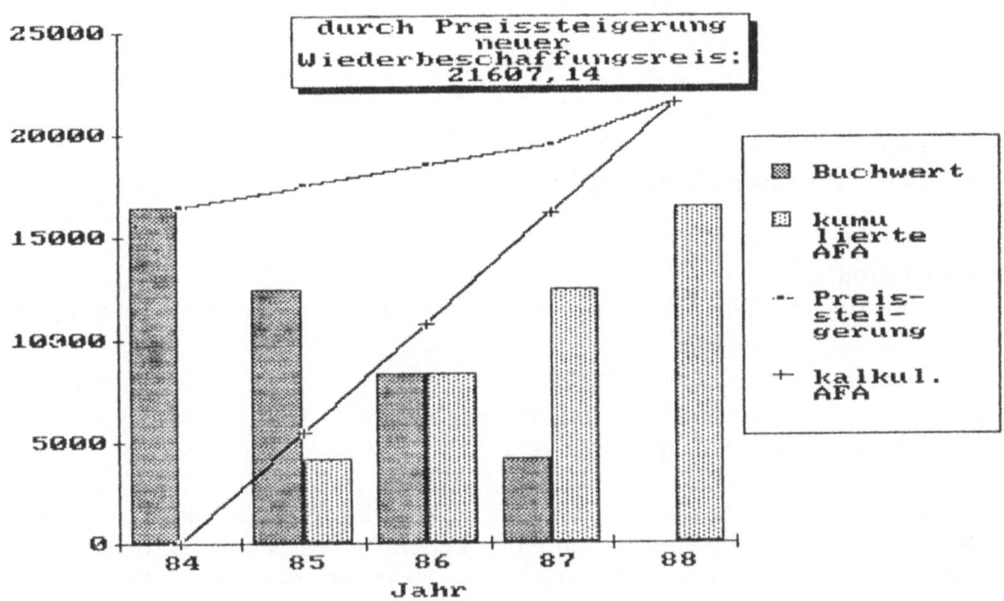

Bild 2.1

2.1 Textbearbeitung mit Multiplan

In diesem Kapitel werden Sie noch keine Kalkulationen durchführen, sondern die Datei Maschh zuerst vorbereiten, wobei Sie Befehle zur Texteingabe und zum Textformatieren einsetzen werden.

Das Formatieren der Texte muß vorgenommen werden, wenn Sie Texte, die mehr als 20 Zeichen umfassen, auf dem Bildschirm darstellen wollen.

Texte oder Werte, die länger als 10 Zeichen sind, können Sie mit zwei verschiedenen Befehlsfolgen auf dem Bildschirm darstellen:

FORMAT FELDER   Formatcode: (Zusamm)

oder mit

FORMAT BREITE DER SPALTEN

Ein weiteres Lernziel ist das Einsetzen des Befehls **KOPIE** und das Abspeichern der Datei auf Diskette mit Hilfe der Befehlsfolge **ÜBERTRAGEN SPEICHERN Dateiname:**.

2.1.1 Das Multiplan-Lernziel:
Texteingabe und Textformatierung

Aufgabe:
Es sollen Texte über mehrere Spalten hinweggeschrieben werden.

Ausführung:
1. Positionieren Sie den Cursor mit Hilfe der Cursorsteuertasten auf das Feld Zeile 1 Spalte 1.
2. Drücken Sie die Taste **T** für den Befehl **Text**.
3. Geben Sie das Wort *Maschinenstundensatz* ein, und bestätigen Sie den Befehl mit der **RETURN**-Taste.

Sie sehen, daß das Wort nicht ganz auf dem Bildschirm erscheint. Es ist aber keineswegs verlorengegangen, sondern noch im Arbeitsspeicher vorhanden. Um es auch in Spalte 2 und 3 erscheinen zu lassen, müssen wir den Befehl **Format** anwählen. Drücken Sie also **F** für **Format**.
Nun befinden Sie sich im Unterbefehlsmenü. Hier wählen Sie den Befehl **Felder** aus. Danach sind Sie in dem Bereich, in dem sämtliche Formatierungen vorgenommen werden. Im ersten Teil dieses Menüs muß die Bereichsangabe angegeben werden.
In unserem Fall *Z1S1:3* (Zeile 1 Spalte 1 bis 3). Benutzen Sie dann die **Tabulator**-Taste, um in den Bereich **Formatcode** zu gelangen. Wählen Sie hier den Befehl **Zusamm** aus.
Wenn Sie diese Eingabe bestätigen, werden Sie sehen, daß das Wort *Maschinenstundensatz* nun vollständig auf dem Bildschirm erschienen ist, und zwar von Spalte 1 bis 3.

4. Positionieren Sie Ihren Cursor auf Feld Zeile 3 Spalte 1.
5. Wählen Sie den Befehl **Text**, und schreiben Sie das Wort *Gerätespezifikation*.
6. Verfahren Sie nun genauso wie bei dem Wort *Maschinenstundensatz*, damit das Wort *Gerätespezifikation* vollständig auf dem Bildschirm erscheint.

Amerkung zur ESC-Taste:
Sollten Sie während der Eingabe einmal in einen Unterbefehl geraten, den
Sie aus Versehen angewählt haben, können Sie jederzeit die **ESC**-Taste be-
tätigen, um in das Hauptbefehlsmenü zurückzugelangen.

Wenn Sie die Eingaben richtig vorgenommen haben, sieht Ihr Bildschirm wie
folgt aus:

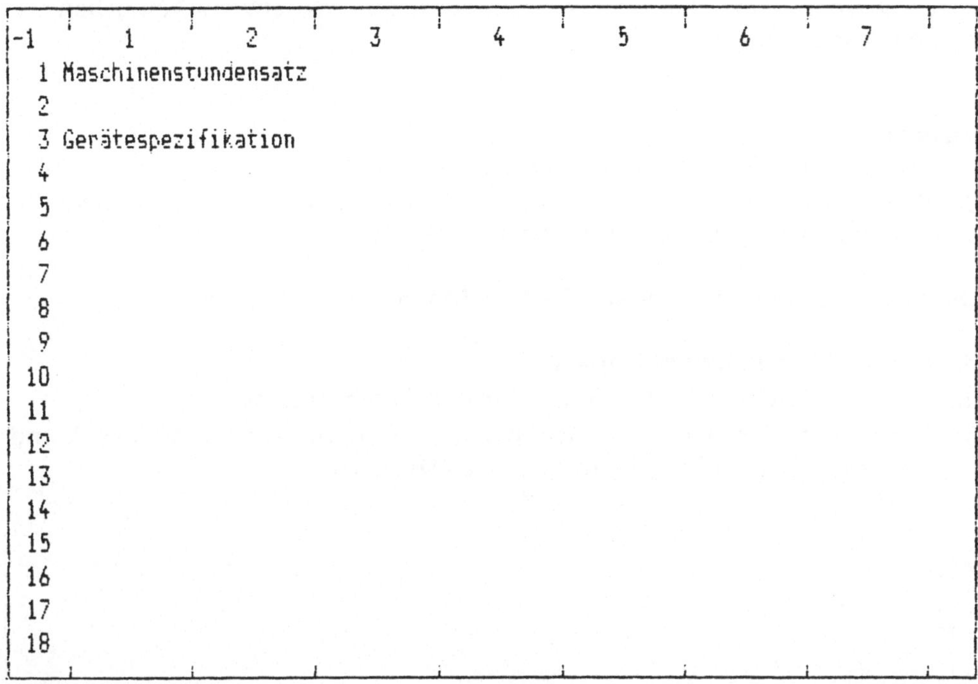

Bild 2.2

2.1.2 Das Multiplan-Lernziel:
Kopieren von Feldinhalten

Aufgabe:
In der Zeile 2 soll eine Unterstreichungslinie nach rechts bis in Spalte 5 gezogen werden. Um die Unterstreichung nicht spaltenweise eingeben zu müssen, können Sie den Befehl **Kopie** benutzen.

Ausführung:
1. Positionieren Sie den Cursor auf das Feld Z2S1.
2. Wählen Sie den Befehl **Text** an, geben Sie *zehnmal* das *Gleichheitszeichen* ein und bestätigen Sie mit der **RETURN**-Taste.

Denken Sie bitte daran, daß das Feld im Moment nur 10 Zeichen faßt!

3. Wählen Sie den Befehl **Kopie** an.
4. Im Unterbefehlsmenü bestätigen Sie den Befehl **Rechts**.
5. Dann geben Sie die **Anzahl der Kopien** ein, in diesem Fall sind es *4*, und bestätigen Sie die Eingabe mit der **RETURN**-Taste.

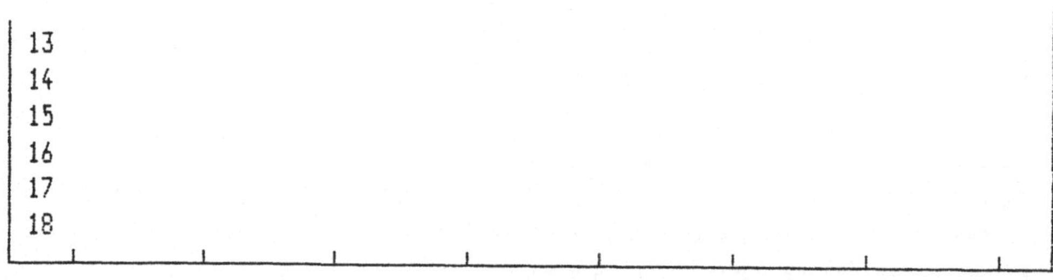

Bild 2.3

6. Positionieren Sie den Cursor auf Feld Z5S1.
7. Verfahren Sie nun genauso wie in Zeile 2, nur benutzen Sie hier den *Bindestrich.*

12

Eine Anmerkung zur Dateinamenverwaltung:
Wenn Sie eine Datei abspeichern, sollten Sie den Dateinamen nicht länger
als 8 Zeichen wählen, da später im Inhaltsverzeichnis die Dateinamen nur bis
zu einer Länge von 8 Zeichen angezeigt werden.
Sie können Kombinationen von Zahlen und Buchstaben wie auch einige Sonderzeichen als Dateinamen eingeben.
Sollten Sie Sonderzeichen benutzen, die für den Dateinamen ungültig sind,
meldet sich das System mit einem akustischen Signal und der Anzeige

Datei kann nicht geschrieben werden.

Wenn Sie alle Eingaben richtig vorgenommen haben, lesen Sie auf dem Bildschirm:

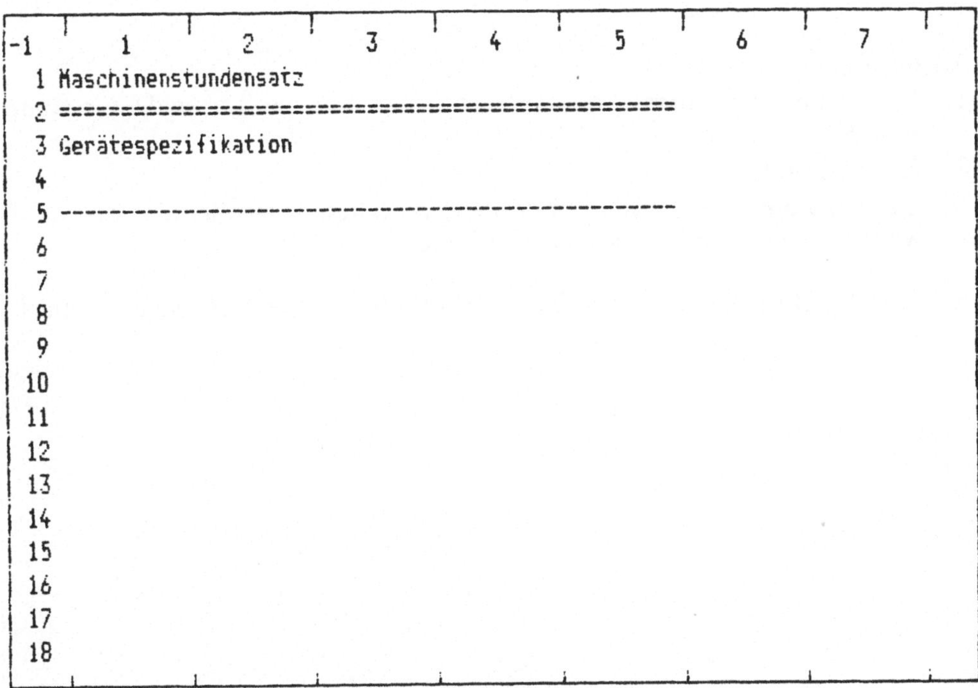

Bild 2.4

2.1.3 Das Multiplan-Lernziel:
Datenspeicherung auf Diskette

Aufgabe:
Alle Daten, die Sie bisher eingegeben haben, befinden sich lediglich im
Arbeitsspeicher und noch nicht auf Ihrer Diskette. Sie müssen die Daten also
abspeichern.
Um Daten abzuspeichern, sprechen Sie zuvor das Laufwerk, auf dem Sie
speichern wollen, an.

Ausführung:
1. Zum Anwählen Ihres Laufwerkes drücken Sie die Tasten Ü für **Über-
    tragen,**
2. O für **Optionen,**
3. die **Tabulator**-Taste, um hinter **Laufwerk/Inhaltsverzeichnis:** die Lauf-
    werksbezeichnung *b*: eingeben zu können.

Nun werden Ihre Daten auf der Datendiskette in Laufwerk *B*: abgespeichert.

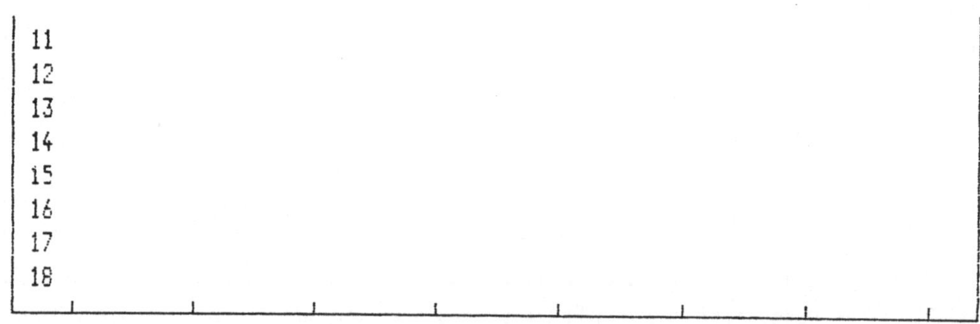

Bild 2.5

4. Zum Speichern Ihrer Daten drücken Sie die Taste Ü für **Übertragen,**
5. die Taste **S** für **Speichern**; schreiben Sie dann den Dateinamen *Maschh.*

Wenn Sie die Eingaben richtig vorgenommen haben, zeigt Ihr Bildschirm:

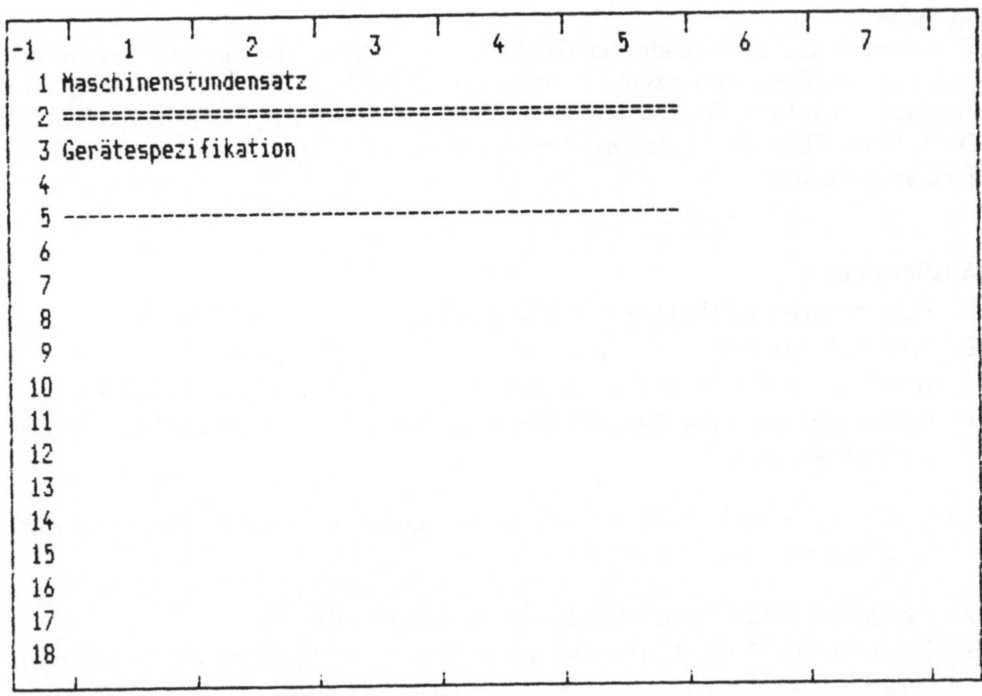

Bild 2.6

2.1.4 Das Multiplan-Lernziel:
Spaltenerweiterung

Aufgabe:
Es soll eine Spalte über eine große Anzahl von Zeilen hinweg mit Texten belegt werden. Dazu benutzen wir nicht den Befehl **FORMAT FELDER**, sondern wir erweitern die Spaltenbreite mit der Befehlsfolge **FORMAT BREITE DER SPALTEN** und können dann problemlos Texte bis zu maximal 32 Zeichen eingeben.

Ausführung:
1. Positionieren Sie den Cursor in Spalte 1.
2. Wählen Sie den Befehl **Format** an.
3. Im Unterbefehlsmenü drücken Sie die Taste **B** für **Breite der Spalten.**
4. Geben Sie dann die Zahl *30* ein, und bestätigen Sie den Befehl mit der **RETURN**-Taste.

Wenn Sie nun Ihre Bildschirmanzeige betrachten, sehen Sie, daß die Unterstreichungslinien auseinandergerissen sind.

5. Fahren Sie also mit dem Cursor in die Zeile 2 Spalte 1.
6. Drücken Sie **T** für **Text**, und geben Sie die entsprechende Anzahl von *Gleichheitszeichen* ein, um die Lücke zu schließen.
7. Verfahren Sie mit der Zeile 5 genauso; geben Sie hier *Bindestriche* ein.

Eine Anmerkung zum Speichern:
Zum Speichern Ihrer Daten drücken Sie die Taste **Ü** für **Übertragen**, die Taste **S** für **Speichern** und bestätigen Sie den Dateinamen *Maschh*, indem Sie die **RETURN**-Taste drücken. Geben Sie ein „J" zum Überschreiben der bestehenden Datei ein.

Wenn Sie die Eingaben richtig vorgenommen haben, steht auf dem Bildschirm:

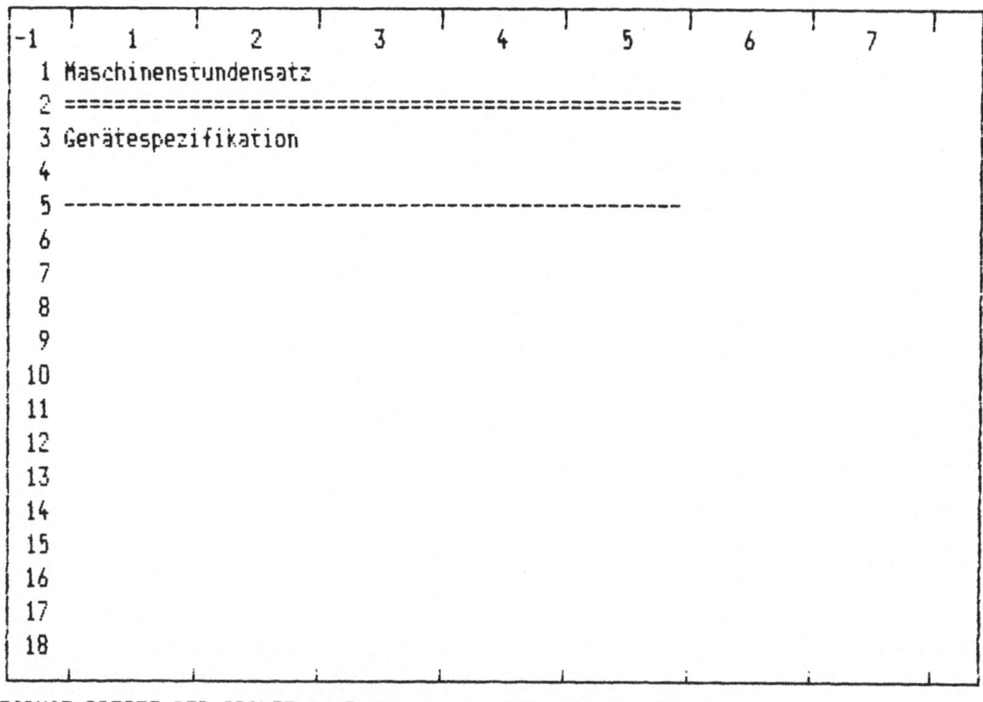

Bild 2.7

2.1.5 Was Sie bisher erreicht haben, ist schon eine ganze Menge:

Sie sind nun in der Lage:

- Parameter beim Speichern zu verändern, so daß die fertigen Dateien auf der Diskette in Laufwerk b: abgespeichert werden;
- Texte einzugeben und diese so zu formatieren, daß sie über mehrere Spalten hinweggeschrieben werden;
- Unterstreichungen nach rechts zu kopieren, um die Eingabe sich wiederholender Zeichen zu vermeiden;
- die Breite einer Spalte zu verändern, um Eingaben vornehmen zu können, die länger als 10 Zeichen sind.

Zur eigentlichen Kalkulation haben Sie noch keine Eingaben vorgenommen.

2.2

Nun werden Sie einen Teil der Formeln, die für die Berechnungen notwendig sind, eingeben.
Zuerst werden in Zeile 8 die gesamten Arbeitsstunden für ein Jahr berechnet. Die Ausfallzeiten für die Maschine beruhen auf Erfahrungswerten und sind mit 20 % angesetzt worden. Durch die Subtraktion der Ausfallzeiten von den Gesamtarbeitsstunden werden die tatsächlich geleisteten Maschinenstunden ermittelt.
Der Anschaffungspreis und die Preisindices werden zur Berechnung des Wiederbeschaffungswertes in Zeile 20 benötigt. Eine ausführliche Erläuterung zum Wiederbeschaffungswert finden Sie im ersten Kapitel des Buches.
Die Formeln und Zahlenwerte, die zur Berechnung nötig sind, müssen über den Befehl **Wert:** eingegeben werden.
Es werden Formeln zur Multiplikation, Division und zur Subtraktion eingegeben. Die Felder, die die Formeln beinhalten, werden dann durch die Befehlsfolge **SCHUTZ FELDER** vor dem Überschreiben geschützt.
Die Ergebnisse werden durch das Programm mit unterschiedlichen Nachkommastellen — je nach Feldlänge — ausgegeben. Sie können jedoch die Nachkommastellen individuell festlegen, und zwar durch die Befehlsfolge **FORMAT FELDER Dez-Stellen:**.
Eine weitere Formatierung erleichtert die Eingabe von Formeln bei der Prozentrechnung. Sie können durch die Befehlsfolge **FORMAT FELDER Formatcode: (%)** ein Feld als Prozentfeld festlegen.

2.2.1 Das Multiplan-Lernziel:
Eingabe von Zahlenwerten

Aufgabe:
Zahlenwerte auf zwei verschiedene Arten eingegeben.

Ausführung:
1. Positionieren Sie den Cursor auf Feld Z6S2.
2. Wählen Sie den Befehl **Wert** an.
3. Geben Sie die Zahl *40* ein, und drücken Sie die **RETURN**-Taste.

Sie müssen bei der Eingabe von Zahlen nicht unbedingt den Befehl **Wert** anwählen, sondern Sie können auch einfach eine Zahl über die Tastatur eingeben, dann springt das Programm automatisch in den Wert-Modus.

4. Positionieren Sie den Cursor auf Feld Zeile 7/Spalte 2.
5. Geben Sie die Zahl *52* ein, ohne den Befehl **Wert** anzuwählen.
6. Positionieren Sie den Cursor auf Feld Z6S1.
7. Wählen sie den Befehl **FORMAT BREITE DER SPALTE** an.
8. Geben Sie bei **Standard**: die Zahl *30* ein.
9. Fahren Sie mit dem Cursor auf Feld Z5S1, wählen Sie den Befehl **Text** aus und geben Sie die entsprechende Anzahl *Bindestriche* ein, um die Lücke zu schließen.
10. Korrigieren Sie auch das Feld Z2S1.
11. Geben Sie bitte die Texte in Spalte 1 und Spalte 3 ein. Sie finden die entsprechenden Texte in Bild 2.8.

Wenn Sie die Eingaben richtig vorgenommen haben, erscheint auf dem Bildschirm:

```
-1                    1                   2       3       4       5
  1 Maschinenstundensatz
  2 =====================================================================
  3 Gerätespezifikation
  4 Inventarnummer
  5 -------------------------------------------------------------------
  6 Erreichbare Maschinenstunden            40 h/Woche
  7 Wochen pro Jahr                         52 Wochen
  8 Arbeitsstunden ohne Urlaub                 Stunden
  9
 10
 11
 12
 13
 14
 15
 16
 17
 18

WERT: 52


Formel eingeben
Z7S2      52                        88% frei      Multiplan:
```

Bild 2.8

!! **Bitte denken Sie an die Datensicherung** !!

Zum Speichern Ihrer Daten drücken Sie die Taste **Ü** für **Übertragen**, die Taste **S** für
Speichern und bestätigen Sie den Dateinamen *Maschh*.

2.2.2 Das Multiplan-Lernziel:
Eingabe einer Formel zur Multiplikation

Aufgabe:
Um in dem Beispiel die Arbeitsstunden ohne Urlaub zu berechnen, müssen
Sie eine Multiplikation durchführen. Es erfolgt also die Eingabe einer Formel.

Ausführung:
1. Positionieren Sie den Cursor auf Feld Z8S2.
2. Wählen Sie den Befehl **Wert** an.
3. Bewegen Sie den Cursor mit Hilfe der Cursor-Steuertasten auf die Zahl
   40 nach oben.
4. Geben Sie ein * ein (gilt als Multiplikationszeichen)
5. Bewegen Sie dann den Cursor um eine Zeile nach unten auf die Zahl *52*,
   und drücken Sie die **RETURN**-Taste.

Eine Anmerkung zur Formeleingabe
Wie Sie sehen, hat Multiplan die Multiplikation ohne Schwierigkeiten durchgeführt. Wenn Sie nun den Cursor auf Feld Z8S2 positioniert halten, sehen
Sie in der linken unteren Ecke des Bildschirms die gerade eingegebene
Formel **Z (−2) S * Z (−1) S**.
Sie können diese Formel so interpretieren, daß der Cursor in dieser Spalte
um 2 Zeilen nach oben bewegt worden ist, und dieses Feld mit dem Inhalt
des 1 Zeile weiter oben stehenden Feldes in dieser Spalte multipliziert worden ist.

Wenn Sie die Eingaben richtig vorgenommen haben, zeigt Ihr Bildschirm:

```
-1                1              2        3        4        5
  1 Maschinenstundensatz
  2 =======================================================================
  3 Gerätespezifikation
  4 Inventarnummer
  5 -----------------------------------------------------------------------
  6 Erreichbare Maschinenstunden        40 h/Woche
  7 Wochen pro Jahr                     52 Wochen
  8 Arbeitsstunden ohne Urlaub        2080 Stunden
  9
 10
 11
 12
 13
 14
 15
 16
 17
 18
```

```
WERT: Z(-2)S*Z(-1)S

Formel eingeben
Z7S2      52                          88% frei       Multiplan:
```

Bild 2.9

Zum Speichern Ihrer Daten drücken Sie die Taste **Ü** für **Übertragen**, die Taste **S** für **Speichern** und bestätigen Sie den Dateinamen *Maschh*.

2.2.3 Das Multiplan-Lernziel:
Formatieren von Feldern als Prozentwerte

Aufgabe:
Felder können als %-Felder formatiert werden, um spätere Berechnungen mit Prozentwerten zu erleichtern.

Ausführung:
1. Positionieren Sie den Cursor auf Feld Z9S2.
2. Wählen Sie den Befehl **FORMAT FELDER** aus.
3. Drücken Sie die **Tabulator**-Taste, bis Sie im Bereich **Formatcode** ankommen.
4. Wählen Sie mit Hilfe der **Leertaste** das %-Zeichen aus.
5. Drücken Sie einmal die **Tabulator**-Taste, und geben Sie bei **Dez-Stellen:** *1* ein.
6. Bestätigen Sie die Eingaben mit der **RETURN**-Taste.
7. Wählen Sie den Befehl **Wert** aus, und geben Sie die Zahl *0,20* ein.

Anmerkung zu Feldern mit Prozentwerten
Sie müssen hier *0,20* eingeben, weil das Feld als Prozentwert formatiert wurde. Solche Felder werden intern mit 100 multipliziert.

Wenn Sie alle Eingaben richtig vorgenommen haben, lesen Sie auf dem Bildschirmausdruck:

```
 -1                    1                2      3      4      5
   1 Maschinenstundensatz
   2 =================================================================
   3 Gerätespezifikation
   4 Inventarnummer
   5 ---------------------------------------------------------------
   6 Erreichbare Maschinenstunden        40 h/Woche
   7 Wochen pro Jahr                     52 Wochen
   8 Arbeitsstunden ohne Urlaub        2080 Stunden
   9 Ausfallzeiten (Url/Service)       20,0%
  10
  11
  12
  13
  14
  15
  16
  17
  18

FORMAT FELDER: Z9S2                 Ausrichtung:(Stnd)Mitte Norm Links Rechts -
    Formatcode: Stnd Zusamm E_form Fest Norm Ganz DM *(%)-    Dez-Stellen: 1
Position eines Feldes oder Tabellenbereichs eingeben
Z9S2      0,2                       89% frei      Multiplan:
```

Bild 2.10

!! Bitte denken Sie an die Datensicherung !!

(Übertragen Speichern Dateiname)

2.2.4 Das Multiplan-Lernziel:
Schützen eines Feldes mit Formelinhalt

Aufgabe:
Eingegebene Formeln sollten vor Überschreiben geschützt werden, da sonst
die Struktur eines Arbeitsblattes zerstört werden kann.

Ausführung:
1. Positionieren Sie den Cursor auf Feld Z10S2.
2. Wählen Sie den Befehl **Wert** an.
3. Bewegen Sie den Cursor auf die 2080 (Z8S2).
4. Geben Sie das Multiplikationszeichen (*) ein.
5. Bewegen Sie den Cursor auf die *20 %* in Feld Z9S2, und drücken Sie die
   RETURN-Taste.
6. Geben Sie die Texte in Spalten 1 und 3 ein.

Anmerkung zum Befehl Schutz
Sie können natürlich sämtliche Felder schützen, nicht nur solche mit Formeleintrag, sondern auch die mit Texten oder Zahlenwerten.

Bitte beachten
Sollten Sie den Befehl **SCHUTZ Rechenfelder** auswählen, wird Ihr gesamtes
Arbeitsblatt geschützt und es können keinerlei Eintragungen mehr vorge-
nommen werden.

Sie können einen solchen Schutz mit dieser Befehlsfolge wieder aufheben
SCHUTZ Felder Status: Gestützt (Ungeschützt):
Wenn Sie alle Eingaben richtig vorgenommen haben, sollte der Ausdruck
Ihres Bildschirms so aussehen:

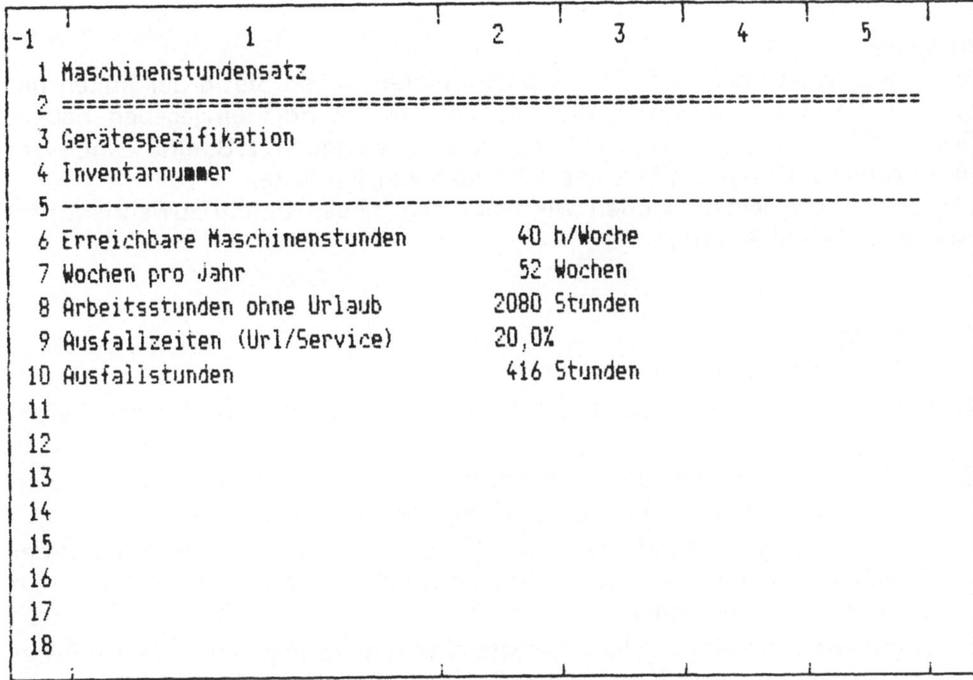

Bild 2.11

2.2.5 Das Multiplan-Lernziel:
Schutz eines Feldes mit Formelinhalt

Aufgabe:
Wenn Sie den Cursor auf Z10S2 positionieren, sehen Sie in der linken unteren Ecke des Bildschirms die Formel, die Sie dort eingegeben haben. Würden Sie in dieses Feld jetzt etwas anderes eingeben, z.B. eine Zahl, wäre Ihre Formel verloren, weil sie überschrieben worden wäre.
Um das zu vermeiden, wollen wir uns einem neuen Befehl zuwenden, und zwar dem Befehl **Schutz.**

Ausführung:
1. Geben Sie **Schutz** + Return ein.
2. Sie haben nun zwei Unterbefehle zur Auswahl, aus denen Sie den Befehl **Felder** anwählen.
3. Wenn Sie sich in dem Unterbefehlsmenü **SCHUTZ Felder** befinden, sehen Sie, daß Sie wiederum eine Bereichsangabe eingeben können.
4. Da der Cursor aber auf Feld Z10S2 positioniert ist, können wir mit der **Tabulator**-Taste in den **Status:** hinüberspringen. Der Cursor befindet sich auf dem Feld **Ungeschützt.**
5. Wenn wir jetzt einmal die **Leertaste** drücken, springt der Cursor hinüber auf **Geschützt.** Bestätigen Sie den Befehl mit der **RETURN**-Taste.

Auf dem Bildschirm ist keine direkte Änderung zu sehen, doch wenn Sie jetzt versuchen, in dieses geschützte Feld einen Text einzugeben (drücken Sie die Taste **T** für **Text**), macht sich das System mit einem Pieps-Ton bemerkbar, und unten links unter dem Befehlsmenü erscheint die Anzeige:

‚Geschützte Felder dürfen nicht geändert werden'

Nun kann Ihre Formel nicht mehr zerstört werden.

6. Positionieren Sie nun den Cursor auf die *2080* Stunden in Z8S2, und schützen Sie auch dieses Feld.

Wenn Sie alle Eingaben richtig vorgenommen haben, lesen Sie auf Ihrem
Bildschirm:

```
 -1                 1              2       3       4       5
  1 Maschinenstundensatz
  2 ==============================================================
  3 Gerätespezifikation
  4 Inventarnummer
  5 --------------------------------------------------------------
  6 Erreichbare Maschinenstunden      40 h/Woche
  7 Wochen pro Jahr                   52 Wochen
  8 Arbeitsstunden ohne Urlaub      2080 Stunden
  9 Ausfallzeiten (Url/Service)     20,0%
 10 Ausfallstunden                   416 Stunden
 11
 12
 13
 14
 15
 16
 17
 18

SCHUTZ Felder: Z10S2          Status: (Geschützt) Ungeschützt

Position eines Feldes oder Tabellenbereichs eingeben
Z10S2    Z(-1)S*Z(-2)S                  88% frei       Multiplan:
```

Bild 2.12

!! Bitte denken Sie an die Datensicherung !!

Zum Speichern Ihrer Daten drücken Sie die Taste **Ü** für **Übertragen**, die Taste **S** für
Speichern und geben Sie den Dateinamen *Maschh* ein.

2.2.6 Das Multiplan-Lernziel:
Eingeben einer Formel zur Subtraktion und Schützen von Feldern mit Formeleingabe

Aufgabe:
Es soll eine Subtraktion durchgeführt werden.

Ausführung:
1. Positionieren Sie den Cursor auf Feld Z12S2.
2. Wählen Sie den Befehl **Wert** an.
3. Fahren Sie mit dem Cursor auf Feld Z8S2, drücken Sie die Taste für den *Bindestrich* (–) oder das *Minuszeichen* (–).
4. Fahren Sie mit dem Cursor auf das Feld Z10S2, und drücken Sie die **RETURN**-Taste.
5. Schützen Sie das Feld Z12S2 mit dem Befehl **SCHUTZ Felder: Z12S2 Status: Geschützt (Ungeschützt)**.
6. Unterstreichen Sie Feld Z11S2 und die Texte in Spalten 1 und 3 ein.

Wenn Sie die Eingaben richtig vorgenommen haben, erscheint auf Ihrem
Bildschirm:

```
-1              1              2      3      4      5
 1 Maschinenstundensatz
 2 ==================================================================
 3 Gerätespezifikation
 4 Inventarnummer
 5 ------------------------------------------------------------------
 6 Erreichbare Maschinenstunden        40 h/Woche
 7 Wochen pro Jahr                     52 Wochen
 8 Arbeitsstunden ohne Urlaub        2080 Stunden
 9 Ausfallzeiten (Url/Service)       20,0%
10 Ausfallstunden                     416 Stunden
11                                   ----------
12                                   1664 Stunden
13
14
15
16
17
18

WERT: Z(-4)S-Z(-2)S


Formel eingeben
Z10S2    Z(-1)S*Z(-2)S              88% frei      Multiplan:
```

Bild 2.13

2.2.7 Das Multiplan-Lernziel:
Eingabe von Texten, Werten und die Formatierung von Zahlen mit
zwei Nachkommastellen

Aufgabe:
Zahlenwerte sollen mit unterschiedlichen Nachkommastellen formatiert werden.

Ausführung:
1. Entnehmen Sie bitte dem Bildschirmausdruck 2.14 die Texte für die
   Spalten 1 und 3.
2. Geben Sie die Zahlenwerte in Z15:19S2 (Zeile 15 bis 19 Spalte 2) ein.

Wie Sie sehen, handelt es sich bei dem *Anschaffungspreis* um einen Wert mit
zwei Dezimalstellen.

3. Positionieren Sie also den Cursor auf Feld Z15S2.
4. Wählen Sie den Befehl **FORMAT FELDER** aus.
5. Betätigen Sie die **Tabulator**-Taste, bis sich der Cursor im **Formatcode:**
   befindet.
6. Wählen Sie den Befehl **Fest** an (entweder mit der Leertaste oder durch
   Eingabe des Anfangsbuchstaben **F**).
7. Drücken Sie die **Tabulator**-Taste erneut, bis sich der Cursor im Befehl
   Dez-Stellen befindet.
8. Geben Sie dort eine *2* ein, und bestätigen Sie den Befehl mit der **RE-
   TURN**-Taste.

Wenn Sie alle Eingaben richtig vorgenommen haben, sollte so der Ausdruck
Ihres Bildschirms sein:

```
 -1                  1              2        3        4        5
    3 Gerätespezifikation
    4 Inventarnummer
    5 ------------------------------------------------------------------
    6 Erreichbare Maschinenstunden        40 h/Woche
    7 Wochen pro Jahr                     52 Wochen
    8 Arbeitsstunden ohne Urlaub        2080 Stunden
    9 Ausfallzeiten (Url/Service)       20,0%
   10 Ausfallstunden                     416 Stunden
   11                               ----------
   12 Erreichbare Arb.stdn./Jahr        1664 Stunden
   13
   14 kalkulatorische Abschreibungen
   15 Anschaffungspreis             16500,00 DM
   16 Laufzeit                             4 Jahre
   17 Anschaffungsjahr                  1984
   18 Preisindex Anschaffungsjahr        126 Punkte
   19 Preisindex nach Abschreibung       165 Punkte
   20 Wiederbeschaffungswert                 DM

FORMAT FELDER: Z1S52                  Ausrichtung:(Stnd)Mitte Norm Links Rechts -
    Formatcode: Stnd Zusamm E_form(Fest)Norm Ganz DM * % -    Dez-Stellen: 2
Position eines Feldes oder Tabellenbereichs eingeben
Z1S52    16500                        88% frei        Multiplan:
```

Bild 2.14

!! Bitte denken Sie an die Datensicherung !!

Zum Speichern Ihrer Daten drücken Sie die Taste Ü für **Übertragen**, die Taste S für
Speichern und bestätigen Sie den Dateinamen *Maschh*.

2.2.8 Das Multiplan-Lernziel:
Die Eingabe einer Formel mit Multiplikation (*) und Division (/),
das Format eines Wertes mit zwei Kommastellen festlegen

Aufgabe:
Es soll innerhalb einer Formel eine Multiplikation und eine Division durchgeführt werden.

Ausführung:
1. Positionieren Sie den Cursor auf Feld Z20S2.
2. Wählen Sie den Befehl **Wert** an.
3. Fahren Sie mit Hilfe der Cursorsteuertasten auf die *16500,00 DM*, und
   drücken Sie das Multiplikationszeichen (das Sternchen *).
4. Fahren Sie eine Zeile nach oben auf die *165 Punkte*, und drücken Sie das
   Divisionszeichen (der Schrägstrich über der 7 /).
5. Fahren Sie zwei Zeilen nach oben auf *126 Punkte*, und drücken Sie die
   RETURN-Taste.
6. Wählen Sie den Befehl **FORMAT FELDER** aus, den **Formatcode: Fest**,
   und geben Sie bei **Dez-Stellen:** *2* ein.
7. Schützen Sie das Feld mit der Formel mit dem Befehl **SCHUTZ Felder:**
   Z20S2 **Status:(Geschützt) Ungeschützt.**

Gehen Sie noch einmal zurück zum Befehl **Schutz.** Sie haben dort zwei Aus-
wahlmöglichkeiten: einmal **Felder,** mit dem Sie Formeln, Werte oder Texte
schützen können; der zweite Befehl **Rechenformeln** schützt das ganze Arbeitsblatt auf einmal. Wenn Sie das Arbeitsblatt mit diesem Schutz belegen,
können keinerlei Eintragungen mehr in das Arbeitsblatt vorgenommen werden.
Aufheben kann man den Schutz, indem man in das Unterbefehlsmenü
SCHUTZ Felder geht und dort in der Bereichsangabe Z1:255 eingibt und
den **Status** auf **Ungeschützt** zurücksetzt.

Wenn Sie die Eingaben richtig vorgenommen haben, zeigt Ihr Bildschirm:

```
  -1                1              2       3         4         5
    3 Gerätespezifikation
    4 Inventarnummer
    5 -------------------------------------------------------------
    6 Erreichbare Maschinenstunden        40 h/Woche
    7 Wochen pro Jahr                     52 Wochen
    8 Arbeitsstunden ohne Urlaub        2080 Stunden
    9 Ausfallzeiten (Url/Service)       20,0%
   10 Ausfallstunden                     416 Stunden
   11                                ----------
   12 Erreichbare Arb.stdn./Jahr        1664 Stunden
   13
   14 kalkulatorische Abschreibungen
   15 Anschaffungspreis             16500,00 DM
   16 Laufzeit                             4 Jahre
   17 Anschaffungsjahr                  1984
   18 Preisindex Anschaffungsjahr        126 Punkte
   19 Preisundex nach Abschreibung       165 Punkte
   20 Wiederbeschaffungswert        21607,14 DM

BEFEHL: Text Ausschnitt Bewegen Druck Einfügen Format Gehezu Hilfe Kopie Löschen
        Name Ordnen Quit Radieren Schutz Übertragen Verändern Wert Xtern Zusätze
Einen Befehl auswählen oder Anfangsbuchstaben eingeben
Z20S2    Z(-5)S*Z(-1)S/Z(-2)S              87% frei       Multiplan:
```

Bild 2.15

2.2.9 Was Sie bisher erreicht haben!

Sie sind nun in der Lage:

* Zahlenwerte einzugeben und mit zwei Nachkommastellen zu formatieren;
* Felder als Prozentfelder zu formatieren;
* Mit Hilfe des Befehls Wert: Formeln zur Multiplikation, Division, Addition und Subtraktion einzugeben;
* Die eingegebenen Formel gegen Überschreiben zu schützen.

Zur Kalkulation des Stundensatzes der Maschine haben Sie die ersten beiden Schritte abgeschlossen, indem Sie die erreichbaren Arbeitsstunden pro Jahr und den Wiederbeschaffungswert berechnet haben.

2.3

Dem nächsten Arbeitsschritt wird eine 25 %-ige lineare AFA zugrundegelegt, da die Maschine über 4 Jahre abgeschrieben werden soll.
Um die inflationäre Preissteigerung zu berücksichtigen, werden die kalkulatorischen Abschreibungssätze in Zeilen 22 und 23 mit in die Kalkulation einbezogen.
Zur kalkulatorischen Abschreibung addieren sich die kalkulatorischen Zinsen, die in den Zeilen 27 und 28 ermittelt werden.
Im nächsten Schritt, in den Zeilen 30 bis 32 werden die Instandhaltungskosten, die die Maschine verursacht hat, berechnet.
Natürlich müssen auch die Raumkosten, die durch die Maschine verursacht werden, mit in die Kalkulation einbezogen werden. Die Berechnungen werden in den Zeilen 34 bis 38 durchgeführt.
Die Energiekosten, die beim Betreiben der Maschine entstehen, werden in den Zeilen 40 bis 45 ermittelt.
Mit Eingabe der oben beschriebenen Berechnungen haben Sie die eigentliche Kalkulation für die Maschine abgeschlossen. Ihr erstes Arbeitsblatt ist dann fertiggestellt.

2.3.1 Das Multiplan-Lernziel:
Formatieren eines Feldes als Prozentwert

Aufgabe:
Ein Feld soll als Prozentfeld formatiert werden.

Ausführung:
1. Geben Sie den Text in Spalte 1 ein.
2. Positionieren Sie den Cursor auf das Feld Z21S2.
3. Wählen Sie den Befehl **FORMAT FELDER Formatcode: %** aus.
4. Bestätigen Sie den Befehl mit der **RETURN**-Taste.
5. Wählen Sie für das Feld Z21S2 den Befehl **Wert** an.
6. Geben Sie eine *1* ein und danach sofort das *Divisionszeichen* (1/).
7. Fahren Sie dann mit dem Cursor fünf Zeilen nach oben auf die *4*, und bestätigen Sie mit der **RETURN**-Taste.
8. Wählen Sie den Befehl **SCHUTZ Felder** an, und schützen Sie das Feld Z21S2.

Wenn Sie die Eingaben richtig vorgenommen haben, zeigt Ihr Bildschirm:

```
-1                  1              2       3       4       5
   4 Inventarnummer
   5 -----------------------------------------------------------------
   6 Erreichbare Maschinenstunden        40 h/Woche
   7 Wochen pro Jahr                     52 Wochen
   8 Arbeitsstunden ohne Urlaub        2080 Stunden
   9 Ausfallzeiten (Url/Service)       20,0%
  10 Ausfallstunden                     416 Stunden
  11                                 ----------
  12 Erreichbare Arb.stdn./Jahr        1664 Stunden
  13
  14 kalkulatorische Abschreibungen
  15 Anschaffungspreis                16500,00 DM
  16 Laufzeit                            4 Jahre
  17 Anschaffungsjahr                 1984
  18 Preisindex Anschaffungsjahr       126 Punkte
  19 Preisundex nach Abschreibung      165 Punkte
  20 Wiederbeschaffungswert           21607,14 DM
  21 AFA linear                        25%

FORMAT FELDER: Z21S2              Ausrichtung:(Stnd)Mitte Norm Links Rechts -
    Formatcode: Stnd Zusamm E_form Fest Norm Ganz DM *(%)-    Dez-Stellen: 0
Position eines Feldes oder Tabellenbereichs eingeben
Z21S2    1/Z(-5)S                       87% frei      Multiplan:
```

Bild 2.16

2.3.2 Das Multiplan-Lernziel ist:
Eingabe und Schutz einer Formeleingabe mit
Kommastellenformatierung

Aufgabe:
Es soll eine Division durchgeführt werden, deren Ergebnis mit zwei Nachkommastellen formatiert wird.

Ausführung:
1. Geben Sie den Text in den Spalten 1 und 3 ein.
2. Positionieren Sie den Cursor auf Feld Z22S2.
3. Wählen Sie den Befehl **FORMAT FELDER**.
4. Wählen Sie den Befehl **Wert** an.
5. Fahren Sie mit dem Cursor auf die *25 %*.
6. Geben Sie das * ein.
7. Fahren Sie mit dem Cursor auf Feld Z20S2, und bestätigen Sie die Eingabe mit der **RETURN**-Taste.
8. Formatieren Sie das Feld als **Fest** und **Dez-Stellen:** *2*.
9. Wählen Sie den Befehl **SCHUTZ Felder** an, und schützen Sie das Feld
   Z22S2.

Wenn Sie die Eingaben richtig vorgenommen haben, sieht Ihr Bildschirm wie
folgt aus:

```
-1              1                    2     3      4       5
 5 --------------------------------------------------------------
 6 Erreichbare Maschinenstunden      40 h/Woche
 7 Wochen pro Jahr                   52 Wochen
 8 Arbeitsstunden ohne Urlaub      2080 Stunden
 9 Ausfallzeiten (Url/Service)     20,0%
10 Ausfallstunden                   416 Stunden
11                               ----------
12 Erreichbare Arb.stdn./Jahr      1664 Stunden
13
14 kalkulatorische Abschreibungen
15 Anschaffungspreis            16500,00 DM
16 Laufzeit                         4 Jahre
17 Anschaffungsjahr              1984
18 Preisindex Anschaffungsjahr    126 Punkte
19 Preisundex nach Abschreibung   165 Punkte
20 Wiederbeschaffungswert       21607,14 DM
21 AFA linear                      25%
22 kalul. Abschreibungen/Jahr    5401,79 DM


FORMAT FELDER: Z22S2                Ausrichtung:(Stnd)Mitte Norm Links Rechts -
    Formatcode: Stnd Zusamm E_form(Fest)Norm Ganz DM * % -    Dez-Stellen: 2
Position eines Feldes oder Tabellenbereichs eingeben
Z22S2    Z(-1)S*Z(-2)S                     87% frei       Multiplan:
```

Bild 2.17

2.3.3 Das Multiplan-Lernziel ist:
Formeleingabe für die Division und Schutz

Aufgabe:
Es soll eine Division durchgeführt werden. Das Ergebnis wird mit drei Nachkommastellen formatiert, und der Formelinhalt soll geschützt werden.

Ausführung:
1. Entnehmen Sie Bild 2.18 den Text für Spalten 1 und 3.
2. Positionieren Sie den Cursor auf Feld Z23S2.
3. Wählen Sie den Befehl **Wert** an.
4. Fahren Sie mit dem Cursor auf Feld Z22S2.
5. Geben Sie das *Divisionszeichen* ein, und fahren Sie mit dem Cursor auf Feld Z12S2.
6. Bestätigen Sie die Formeleingabe mit der **RETURN**-Taste.
7. Formatieren Sie das Feld Z23S2 als **Fest** mit *3* **Dez-Stellen.**
8. Schützen Sie das Feld mit der Formeleingabe.

Wenn Sie die Eingaben richtig vorgenommen haben, sieht Ihr Bildschirm wie
folgt aus:

```
-1                 1                    2        3        4        5
  6 Erreichbare Maschinenstunden         40 h/Woche
  7 Wochen pro Jahr                      52 Wochen
  8 Arbeitsstunden ohne Urlaub         2080 Stunden
  9 Ausfallzeiten (Url/Service)        20,0%
 10 Ausfallstunden                      416 Stunden
 11                                 ----------
 12 Erreichbare Arb.stdn./Jahr        1664 Stunden
 13
 14 kalkulatorische Abschreibungen
 15 Anschaffungspreis              16500,00 DM
 16 Laufzeit                             4 Jahre
 17 Anschaffungsjahr                  1984
 18 Preisindex Anschaffungsjahr        126 Punkte
 19 Preisundex nach Abschreibung       165 Punkte
 20 Wiederbeschaffungswert         21607,14 DM
 21 AFA linear                         25%
 22 kalul. Abschreibungen/Jahr      5401,79 DM
 23 kalkul. Abschreibungen/Maschn.   3,246 DM

FORMAT FELDER: Z23S2            Ausrichtung:(Stnd)Mitte Norm Links Rechts -
   Formatcode: Stnd Zusamm E_form(Fest)Norm Ganz DM * % -    Dez-Stellen: 3
Position eines Feldes oder Tabellenbereichs eingeben
Z23S2    Z(-1)S/Z(-11)S                 87% frei       Multiplan:
```

Bild 2.18

2.3.4 Das Multiplan-Lernziel:
Formatieren eines Feldes als Prozentfeld

Aufgabe:

In einer Formel wird eine Division und eine Multiplikation durchgeführt, die Formel wird geschützt, und das Ergebnis mit zwei Nachkommastellen formatiert.

Ausführung:

1. Entnehmen Sie den Text für die Felder Z25:27S1 und Spalte 3 dem Bild 2.20.
2. Positionieren Sie den Cursor auf Z26S2.
3. Wählen Sie den Befehl **FORMAT FELDER** an.
4. Geben Sie im Unterbefehlsmenü beim **Formatcode:** % an.
5. Bei **Dez-Stellen** geben Sie bitte *2* ein.
6. Bestätigen Sie den Befehl mit der **RETURN**-Taste.

Da Sie das Feld Buchstabenfall-Zeile als Prozentwert formatiert haben, müssen Sie, um 7,50 % zu erhalten, den Wert *0,075* eingeben, da das Feld intern mit 100 multipliziert wird.

7. Dividieren Sie den *Wiederbeschaffungswert* durch *2*, und multiplizieren Sie den Wert mit dem *kalkulatorischen Zinsfuß*, d.h. **Z(−7)S/2∗Z(−1)S**.

Die Bildschirmausgabe ist wie folgt:

```
  -1                    1                    2         3         4         5
  10 Ausfallstunden                        416 Stunden
  11                                    ----------
  12 Erreichbare Arb.stdn./Jahr          1664 Stunden
  13
  14 kalkulatorische Abschreibungen
  15 Anschaffungspreis               16500,00 DM
  16 Laufzeit                               4 Jahre
  17 Anschaffungsjahr                    1984
  18 Preisindex Anschaffungsjahr          126 Punkte
  19 Preisundex nach Abschreibung         165 Punkte
  20 Wiederbeschaffungswert          21607,14 DM
  21 AFA linear                            25%
  22 kalkul. Abschreibungen/Jahr      5401,79 DM
  23 kalkul. Abschreibungen/Maschh.    3,246 DM
  24
  25 kalkulatorische Zinsen
  26 kalkulatorischer Zinsfuß            7,50%
  27 kalkul. Zinsen/Jahr               810,27 DM

FORMAT FELDER: Z27S2              Ausrichtung:(Stnd)Mitte Norm Links Rechts -
    Formatcode: Stnd Zusamm E_form(Fest)Norm Ganz DM * % -    Dez-Stellen: 2
Position eines Feldes oder Tabellenbereichs eingeben
Z27S2    Z(-7)S/2*Z(-1)S              86% frei      Multiplan:
```

Bild 2.19

2.3.5 Das Multiplan-Lernziel:
Durchführung einer Division und Formatieren des Ergebnisses mit
3 Nachkommastellen

Aufgabe:
Es soll eine Division durchgeführt werden, die Formel soll geschützt, und das
Ergebnis mit drei Nachkommastellen formatiert werden.

Ausführung:
1. Entnehmen Sie Bild 2.20 die Texte für Spalten 1 und 3.
2. Positionieren Sie den Cursor auf Feld Z28S2.
3. Geben Sie die Formel zur Berechnung der *kalk. Zinsen/Maschh.* ein.
4. Wählen Sie den Befehl **Wert** aus, fahren Sie mit dem Cursor in Z27S2
   und dividieren Sie dieses Feld durch das Feld Z12S2.
5. Wählen Sie den Befehl **FORMAT Felder** und geben Sie den **Formatcode:**
   Fest und **Dez-Stellen:** *3* an.
6. Schützen Sie das Feld mit dem Formelinhalt.

Der Bildschirm zeigt bei richtiger Verarbeitung:

```
-1               1                    2        3       4       5
 11                             ----------
 12 Erreichbare Arb.stdn./Jahr        1664 Stunden
 13
 14 kalkulatorische Abschreibungen
 15 Anschaffungspreis            16500,00 DM
 16 Laufzeit                            4 Jahre
 17 Anschaffungsjahr                 1984
 18 Preisindex Anschaffungsjahr       126 Punkte
 19 Preisundex nach Abschreibung      165 Punkte
 20 Wiederbeschaffungswert       21607,14 DM
 21 AFA linear                         25%
 22 kalkul. Abschreibungen/Jahr   5401,79 DM
 23 kalkul. Abschreibungen/Maschh.   3,246 DM
 24
 25 kalkulatorische Zinsen
 26 kalkulatorischer Zinsfuß          7,50%
 27 kalkul. Zinsen/Jahr            810,27 DM
 28 kalkul. Zinsen/Maschh.           0,487 DM

FORMAT FELDER: Z2852            Ausrichtung:(Stnd)Mitte Norm Links Rechts -
    Formatcode: Stnd Zusamm E_form(Fest)Norm Ganz DM * % -    Dez-Stellen: 3
Position eines Feldes oder Tabellenbereichs eingeben
Z2852   Z(-1)5/Z(-16)5                86% frei      Multiplan:
```

Bild 2.20

2.3.6 Das Multiplan-Lernziel:
Durchführung einer Division und Schutz des Feldes mit Formeleintrag

Aufgabe:
Es wird eine Division durchgeführt, deren Formelinhalt geschützt werden muß.

Ausführung:
1. Entnehmen Sie die Texte für Spalten 1 und 3 dem Bild 2.21.
2. Geben Sie in Z31S2 den Wert *1400* ein.
3. Formatieren Sie den Zahlenwert als **Fest** mit zwei **Dez-Stellen**.
4. Positionieren Sie den Cursor auf Feld Z32S2.
5. Geben Sie die Formel zur Berechnung der *Servicekosten* der *Maschine pro Stunde* ein.
6. Gehen Sie dazu in den Befehl **Wert**, fahren Sie mit dem Cursor auf Z31S2, drücken Sie das *Divisionszeichen.*
7. Fahren Sie mit dem Cursor auf Feld Z12S2, und betätigen Sie die **RETURN**-Taste.
8. Formatieren Sie das Ergebnis als **Fest** mit *drei* **Dez-Stellen**.
9. Schützen Sie das Feld mit dem Formelinhalt.

Wenn Sie die Eingaben richtig vorgenommen haben, wird Ihr Bildschirm so ausschauen:

```
-1                        1              2        3         4         5
 15 Anschaffungspreis                16500,00 DM
 16 Laufzeit                                4 Jahre
 17 Anschaffungsjahr                     1984
 18 Preisindex Anschaffungsjahr           126 Punkte
 19 Preisundex nach Abschreibung          165 Punkte
 20 Wiederbeschaffungswert           21607,14 DM
 21 AFA linear                             25%
 22 kalkul. Abschreibungen/Jahr      5401,79 DM
 23 kalkul. Abschreibungen/Maschh.    3,246 DM
 24
 25 kalkulatorische Zinsen
 26 kalkulatorischer Zinsfuß            7,50%
 27 kalkul. Zinsen/Jahr                810,27 DM
 28 kalkul. Zinsen/Maschh.              0,487 DM
 29
 30 Instandhaltungskosten
 31 Sevicekosten/Jahr                 1400,00 DM
 32 Service/Masch.h.                    0,841 DM

FORMAT FELDER: Z32S2              Ausrichtung:(Stnd)Mitte Norm Links Rechts -
    Formatcode: Stnd Zusamm E_form(Fest)Norm Ganz DM * % -    Dez-Stellen: 3
Position eines Feldes oder Tabellenbereichs eingeben
Z32S2     Z(-1)S/Z(-20)S                85% frei      Multiplan:
```

Bild 2.21

!! Bitte denken Sie an die Datensicherung !!

Hoffentlich haben Sie auch Ihre bisher erarbeiteten Eingaben immer gespeichert — oder nicht?

2.3.7 Das Multiplan-Lernziel:
Eingabe einer Formel zur Multiplikation und Formatierung des
Ergebnisses

Aufgabe:
Es sollen Texte und Zahlenwerte eingegeben werden. Außerdem eine Formel
zur Multiplikation, die auch geschützt werden muß.

Ausführung:
1. Entnehmen Sie die Texte für Spalten 1 und 3 dem Bild 2.22.
2. Geben Sie die Zahlenwerte in Z35:36S2 ein.
3. Positionieren Sie den Cursor auf Feld Z37S2.
4. Geben Sie den Befehl **Wert** ein.
5. Fahren Sie mit dem Cursor in Z36S2, drücken Sie das *Multiplikations-zeichen*.
6. Bringen Sie den Cursor in Z35S2, drücken Sie das *Multiplikationszeichen*.
7. Geben Sie danach die Zahl *12* ein, und drücken Sie die **RETURN**-Taste.
8. Gehen Sie in das Unterbefehlsmenü **FORMAT FELDER**, und geben Sie in der Bereichsangabe *Z36:37S2* an.
9. Springen Sie mit der **Tabulator**-Taste in den **Formatcode**.
10. Wählen Sie den **Formatcode: Fest.**
11. Springen Sie mit der **Tabulator**-Taste zum Unterbefehl **Dez-Stellen**, geben Sie dort eine *2* ein und drücken Sie die **RETURN**-Taste.

Anmerkungen zu Bereichsangabe

Sie haben hierbei für einen bestimmten **Bereich** und nicht wie vorher nur für
ein Feld das Format festgelegt.

12. Schützen Sie das Feld mit der Formel.

Wenn Sie die Eingaben richtig vorgenommen haben, sieht Ihr Bildschirm wie
folgt aus:

```
    -1              1                  2        3       4        5
     20 Wiederbeschaffungswert      21607,14 DM
     21 AFA linear                        25%
     22 kalkul. Abschreibungen/Jahr  5401,79 DM
     23 kalkul. Abschreibungen/Maschh.  3,246 DM
     24
     25 kalkulatorische Zinsen
     26 kalkulatorischer Zinsfuß          7,50%
     27 kalkul. Zinsen/Jahr          810,27 DM
     28 kalkul. Zinsen/Maschh.         0,487 DM
     29
     30 Instandhaltungskosten
     31 Sevicekosten/Jahr           1400,00 DM
     32 Service/Masch.h.              0,841 DM
     33
     34 Raumkosten
     35 beanspruchter Raum                6 qm
     36 Verrechnungssatz/Monat       12,00 DM
     37 Raumkosten/Jahr             864,00 DM

FORMAT FELDER: Z37S2              Ausrichtung:(Stnd)Mitte Norm Links Rechts -
   Formatcode: Stnd Zusamm E_form(Fest)Norm Ganz DM * % -    Dez-Stellen: 2
Position eines Feldes oder Tabellenbereichs eingeben
Z37S2    Z(-1)S*Z(-2)S*12                85% frei        Multiplan:
```

Bild 2.22

2.3.8 Das Multiplan-Lernziel:
Formeleingabe zur Division und Formatierung des Ergebnisses

Aufgabe:
Die eingegebenen Zahlenwerte sollen formatiert werden. Außerdem soll eine Division durchgeführt werden. Das Feld mit dem Formelinhalt ist zu schützen.

Ausführung:
1. Geben Sie in die Spalten 1 und 3 die entsprechenden Texte von Bild 2.23 ein.
2. Positionieren Sie den Cursor auf Feld Z38S2.
3. Geben Sie die Formel zur Berechnung der *Raumkosten* ein.
4. Gehen Sie in den Befehl **Wert**.
5. Fahren Sie mit dem Cursor auf das Feld Z37S2.
6. Geben Sie das *Divisionszeichen* ein.
7. Fahren Sie mit dem Cursor auf das Feld Z12S2, und bestätigen Sie die Formel mit der **RETURN**-Taste.
8. Formatieren Sie das Feld mit Hilfe des Befehls **FORMAT FELDER** Formatcode: **Fest und Dez-Stellen:** *3*.
9. Schützen Sie das Feld mit dem Formeleintrag.

Wenn Sie die Eingaben richtig vorgenommen haben, sieht Ihr Bildschirm wie
folgt aus:

```
-1                    1                2      3      4      5
21 AFA linear                         25%
22 kalkul. Abschreibungen/Jahr     5401,79 DM
23 kalkul. Abschreibungen/Maschh.     3,246 DM
24
25 kalkulatorische Zinsen
26 kalkulatorischer Zinsfuß           7,50%
27 kalkul. Zinsen/Jahr              810,27 DM
28 kalkul. Zinsen/Maschh.             0,487 DM
29
30 Instandhaltungskosten
31 Sevicekosten/Jahr               1400,00 DM
32 Service/Masch.h.                   0,841 DM
33
34 Raumkosten
35 beanspruchter Raum                 6 qm
36 Verrechnungssatz/Monat          12,00 DM
37 Raumkosten/Jahr                864,00 DM
38 Raumkosten/Masch.h.               0,519 DM
```

```
FORMAT FELDER: Z38S2              Ausrichtung:(Stnd)Mitte Norm Links Rechts -
    Formatcode: Stnd Zusamm E_form(Fest)Norm Ganz DM * % -    Dez-Stellen: 3
Position eines Feldes oder Tabellenbereichs eingeben
Z38S2    Z(-1)S/Z(-26)S               85% frei        Multiplan:
```

Bild 2.23

2.3.9 Das Multiplan-Lernziel:
Formatieren eines Feldes als Prozentfeld

Aufgabe:
Es sollen Texte und Zahlenwerte eingegeben werden, wobei die Zahlenwerte
formatiert werden müssen.

Ausführung:
 1. Geben Sie die Texte in den Spalten 1 und 3 ein.
 2. Geben Sie die Zahl *2,80* in Z41S2 ein.
 3. Formatieren Sie das Feld mit zwei Dezimalstellen.
 4. Positionieren Sie den Cursor auf Feld Z42S2.
 5. Formatieren Sie das Feld als %-Feld.
 6. Geben Sie den Wert *0,8* ein.
 7. Geben Sie den Zahlenwert in Feld Z43S2 ein.
 8. Positionieren Sie den Cursor auf Feld Z44S2.
 9. Geben Sie die Formel zur Berechnung der *mittleren Inanspruchnahme*
    ein.
10. Gehen Sie dazu in den Befehl **Wert**.
11. Multiplizieren Sie die Felder Z41S2 und Z42S2 miteinander.
12. Formatieren Sie das Feld als **Fest** mit *2* Dezimalstellen.
13. Schützen Sie das Feld mit dem Formeleintrag.

Wenn Sie die Eingaben richtig vorgenommen haben, sieht Ihr Bildschirm wie
folgt aus:

```
-1                    1                 2        3         4         5
27 kalkul. Zinsen/Jahr              810,27 DM
28 kalkul. Zinsen/Maschh.             0,487 DM
29
30 Instandhaltungskosten
31 Sevicekosten/Jahr               1400,00 DM
32 Service/Masch.h.                   0,841 DM
33
34 Raumkosten
35 beanspruchter Raum                   6 qm
36 Verrechnungssatz/Monat            12,00 DM
37 Raumkosten/Jahr                  864,00 DM
38 Raumkosten/Masch.h.                0,519 DM
39
40 Energiekosten
41 installierte Leistung             2,80 kw/h
42 Ausnutzung im Mittel               80%
43 Stromkosten                        0,37 DM/kwh
44 mittlere Inanspruchnahme           2,24 kwh

FORMAT FELDER: Z4452              Ausrichtung:(Stnd)Mitte Norm Links Rechts -
   Formatcode: Stnd Zusamm E_form(Fest)Norm Ganz DM * % -    Dez-Stellen: 2
Position eines Feldes oder Tabellenbereichs eingeben
Z4452    Z(-3)S*Z(-2)S                   85% frei       Multiplan:
```

Bild 2.24

2.3.10 Das Multiplan-Lernziel:
Eingabe einer Formel zur Multiplikation

Aufgabe:
Es soll eine Multiplikation durchgeführt werden, deren Ergebnis formatiert
wird.

Ausführung:
1. Geben Sie die Texte in Spalten 1 und 3 ein.
2. Positionieren Sie den Cursor auf Feld Z45S2.
3. Führen Sie die Berechnung der *Energiekosten/Maschinen.h.* durch.
4. Multiplizieren Sie mit Hilfe des Befehls **Wert** das Feld Z44S2 mit dem
   Feld Z43S2.
5. Formatieren Sie das Feld als **Fest**-Wert mit *3* **Dez-Stellen**.
6. Schützen Sie das Feld mit dem Formelinhalt.

Wenn Sie die Eingaben richtig vorgenommen haben, sieht Ihr Bildschirm wie
folgt aus:

```
-1                    1             2        3      4       5
 28 kalkul. Zinsen/Maschh.        0,487 DM
 29
 30 Instandhaltungskosten
 31 Sevicekosten/Jahr         1400,00 DM
 32 Service/Masch.h.             0,841 DM
 33
 34 Raumkosten
 35 beanspruchter Raum               6 qm
 36 Verrechnungssatz/Monat      12,00 DM
 37 Raumkosten/Jahr            864,00 DM
 38 Raumkosten/Mascn.h.          0,519 DM
 39
 40 Energiekosten
 41 installierte Leistung        2,80 kw/h
 42 Ausnutzung im Mittel          80%
 43 Stromkosten                 0,37 DM/kwh
 44 mittlere Inanspruchnahme     2,24 kwh
 45 Energiekosten/Maschinen.h.   0,829 DM

FORMAT FELDER: Z45S2              Ausrichtung:(Stnd)Mitte Norm Links Rechts -
   Formatcode: Stnd Zusamm E_form(Fest)Norm Ganz DM * % -   Dez-Stellen: 3
Position eines Feldes oder Tabellenbereichs eingeben
Z45S2    Z(-1)S*Z(-2)S                85% frei      Multiplan:
```

Bild 2.25

2.3.11 Das Multiplan-Lernziel:
Datensicherung

Bitte überdenken Sie, ob Sie die letzten Änderungen des Arbeitsblattes auch abgespeichert haben. Hoffentlich haben Sie es getan!
Wenn nicht, holen Sie das Versäumte bitte sogleich nach.
Drücken Sie die Taste Ü für **Übertragen**. Danach die Taste S für **Speichern**, schreiben Sie nun den Dateinamen *Maschh*.

2.3.12 Was Sie bisher erreicht haben!

Sie sind nun in der Lage, die wichtigsten Befehle zur Erstellung eines Multiplan-Arbeitsblattes auszuführen, und könnten ohne weiteres eine eigene Datei erstellen, in der

- die vier Grundrechenarten,
- Texteingaben,
- Formatierungen von Zahlenwerten
- und das Kopieren von Feldern

vorkommen.
Sie haben somit also den Einstieg in das Programm Multiplan geschafft.

2.4

Bisher haben Sie alle Formeln eingegeben, die zur Kalkulation des Maschinenstundensatzes notwendig sind. Was nun noch erforderlich ist, ist die Addition der einzeln errechneten Kosten, um auf den eigentlichen Stundensatz, den die Maschine verursacht, zu kommen.
Zu diesem Zweck wird der Befehl **KOPIE VON** eingesetzt. Mit diesem Befehl können Sie beim Kopieren beliebig viele Felder überspringen, im Gegensatz zur Befehlsfolge **KOPIE RECHTS**, bei der die jeweils folgenden Felder mit Kopien belegt werden.
Bisher haben Sie Formeln zur Multiplikation, Division und Subtraktion eingegeben. Im folgenden lernen Sie die einfache Addition kennen.
Zur Addition gehört die Funktion **SUMME(Liste)**, mit der Sie ganze Bereiche problemlos summieren können.

2.4.1 Das Multiplan-Lernziel:
Kopieren von Feldern über den **Kopie Von**-Befehl

Aufgabe:
Der Befehl **Kopie Von** kann zum Kopieren von Formeln oder Texten be-
nutzt werden, die sich schon an einer beliebigen Stelle im Arbeitsblatt befinden und auch an einer anderen Stelle erscheinen sollen.

Ausführung:
1. Positionieren Sie den Cursor auf Feld Z47S1.
2. Drücken Sie die Taste **K** für **Kopie**.
3. Wählen Sie den Unterbefehl **Von** aus.
4. Fahren Sie mit dem Cursor in Feld Z1S1, und drücken Sie die **RETURN**-
   Taste.
5. Verfahren Sie mit den Feldern Z48:52 genauso.
6. Folgende Kopien sind durchzuführen:

KOPIE VON Feld:	in Feld:
Z23S1	Z48S1
Z28S1	Z49S1
Z32S1	Z50S1
Z38S1	Z51S1
Z45S1	Z52S1

Anmerkung zum Befehl Kopie Von

Wie Sie sehen, können Sie aus Ihrem Arbeitsblatt Felder an eine beliebige
Stelle kopieren. Sie können nicht nur Texte, sondern auch Formeln oder
Zahlenwerte von einem Feld in ein bestimmtes Feld kopieren.
Wenn Sie die Eingaben richtig vorgenommen haben, zeigt Ihr Bildschirm:

```
 -1               1            2         3       4       5
 36 Verrechnungssatz/Monat   12,00 DM
 37 Raumkosten/Jahr         864,00 DM
 38 Raumkosten/Masch.h.       0,519 DM
 39
 40 Energiekosten
 41 installierte Leistung     2,80 kw/h
 42 Ausnutzung im Mittel      80%
 43 Stromkosten              0,37 DM/kwh
 44 mittlere Inanspruchnahme  2,24 kwh
 45 Energiekosten/Maschinen.h. 0,829 DM
 46
 47 Maschhinenstundensatz
 48 kalkul. Abschreibungen/Maschh.
 49 kalkul. Zinsen/Maschh.
 50 Service/Masch.h.
 51 Raumkosten/Masch.h.
 52 Energiekosten/Maschinen.h.
 53

KOPIE VON Feld: Z45S1            in Feld: Z52S2

Position eines Feldes oder Tabellenbereichs eingeben
Z52S2                          85% frei        Multiplan:
```

Bild 2.26

2.4.2 Das Multiplan-Lernziel:
Kopieren von Zahlenwerten mit dem Befehl **Wert**

Aufgabe:
Wenn Sie den Text in Spalte 1 mit Ihrem restlichen Arbeitsblatt vergleichen,
werden Sie feststellen, daß die dem Text zugehörigen Zahlenwerte schon
weiter oben im Arbeitsblatt berechnet worden sind.
Da Sie aber nicht die Formeln kopieren wollen, sondern die errechneten Zahlenwerte, können Sie in diesem Fall nicht den Befehl **Kopie Von** anwenden.

Ausführung:
1. Positionieren Sie den Cursor auf Feld Z48S2.
2. Drücken Sie die Taste **W** für den Befehl **Wert**, fahren Sie mit dem Cursor
   in Feld Z23S2 und drücken Sie die **RETURN**-Taste.
3. Verfahren Sie mit den Feldern Z49:52S2 genauso.

Wie Sie sehen, werden die Zahlenwerte in ihrer unformatierten Form in das
entsprechende Feld gebracht.
In der unteren linken Bildschirmecke erscheint die jeweilige Formel für
diesen „Kopiervorgang".

Haben Sie die Eingaben richtig vorgenommen, hat Ihr Bildschirm folgendes
Aussehen:

```
-1               1                 2        3        4        5
 35 beanspruchter Raum                6 qm
 36 Verrechnungssatz/Monat        12,00 DM
 37 Raumkosten/Jahr              864,00 DM
 38 Raumkosten/Masch.h.            0,519 DM
 39
 40 Energiekosten
 41 installierte Leistung          2,80 kw/h
 42 Ausnutzung im Mittel            80%
 43 Stromkosten                     0,37 DM/kwh
 44 mittlere Inanspruchnahme        2,24 kwh
 45 Energiekosten/Maschinen.h.      0,829 DM
 46
 47 Maschhinenstundensatz
 48 kalkul. Abschreibungen/Maschh.3,2462655
 49 kalkul. Zinsen/Maschh.       0,4869398
 50 Service/Masch.h.             0,8413462
 51 Raumkosten/Masch.h.          0,5192308
 52 Energiekosten/Maschinen.h.     0,8288

WERT: Z(-7)S


Formel eingeben
Z52S2    Z(-7)S                     84% frei     Multiplan:
```

Bild 2.27

2.4.3 Das Multiplan-Lernziel:
Formatierung eines ganzen Bereiches über einen Befehl

Aufgabe:
Sie können nicht nur ein einzelnes Feld, sondern mit Hilfe der Bereichsangabe auch ganze Spalten oder Zeilen oder Teile aus beidem formatieren.

Ausführung:
1. Positionieren Sie den Cursor auf Feld Z48S2.
2 Wählen Sie das Untermenü **FORMAT FELDER** an.
3. Geben Sie hinter Z48S2 einen *Doppelpunkt* ein.
4. Fahren Sie mit dem Cursor auf Feld Z52S2.
5. Springen Sie mit der **Tabulator**-Taste bis in den **Formatcode**, und wählen Sie **Fest** an.
6. Springen Sie von dort aus in den Unterbefehl **Dez-Stellen**, und geben Sie eine *3* ein.
7. Drücken Sie die **RETURN**-Taste zum Abschluß des Befehls.
8. Positionieren Sie den Cursor auf Feld Z48S3.
9. Wählen Sie den Befehl **Text** an, und geben Sie in dieses Feld *DM* ein.
10. Gehen Sie in das Unterbefehlsmenü **KOPIE NACH UNTEN**.
11. Geben Sie bei **Anzahl Kopien:** *4* ein, und bestätigen Sie den Befehl mit der **RETURN**-Taste.

Wenn Sie die Eingaben richtig vorgenommen haben, sieht Ihr Bildschirm wie folgt aus:

```
 -1                    1                2        3        4        5
 35 beanspruchter Raum                  6 qm
 36 Verrechnungssatz/Monat          12,00 DM
 37 Raumkosten/Jahr                 864,00 DM
 38 Raumkosten/Masch.h.              0,519 DM
 39
 40 Energiekosten
 41 installierte Leistung            2,80 kw/h
 42 Ausnutzung im Mittel              80%
 43 Stromkosten                      0,37 DM/kwh
 44 mittlere Inanspruchnahme         2,24 kwh
 45 Energiekosten/Maschinen.h.       0,829 DM
 46
 47 Maschhinenstundensatz
 48 kalkul. Abschreibungen/Maschh.   3,246 DM
 49 kalkul. Zinsen/Maschh.           0,487 DM
 50 Service/Masch.h.                 0,841 DM
 51 Raumkosten/Masch.h.              0,519 DM
 52 Energiekosten/Maschinen.h.       0,829 DM

KOPIE NACH UNTEN Anzahl Kopien: 4        Beginn bei: Z4853

Zahl eingeben
Z4853    "DM"                        84% frei     Multiplan:
```

Bild 2.28

2.4.4 Das Multiplan-Lernziel:
Addition und die **Funktion SUMME(Liste)**

Aufgabe:
Es soll eine einfache Addition einer Zahlenkolonne und anschließend eine Addition mit Hilfe der Funktion **SUMME(Liste)** durchgeführt werden.

Ausführung:
1. Geben Sie die Unterstreichung in Feld Z53S2 ein.
2. Positionieren Sie den Cursor auf Feld Z54S2.
3. Wählen Sie den Befehl **Wert** an.
4. Fahren Sie mit dem Cursor auf:

Feld **Z48S2**, geben Sie + ein
Feld **Z49S2**, geben Sie + ein
Feld **Z50S2**, geben Sie + ein
Feld **Z51S2**, geben Sie + ein
Feld **Z52S2**, und drücken Sie die **RETURN**-Taste.

Eine andere Möglichkeit der Addition haben Sie durch den Einsatz der Funktion **SUMME( )**. Der Vorgang sieht folgendermaßen aus:

- Positionieren Sie den Cursor auf Feld Z55S2.
- Wählen Sie den Befehl **Wert** an.
- Schreiben Sie das Wort *Summe*.
- Machen Sie die *Klammer auf*, und fahren Sie mit dem Cursor auf Feld Z48S2.
- Geben Sie einen *Doppelpunkt* ein, fahren Sie mit dem Cursor auf Feld Z52S2 und machen Sie die *Klammer zu*.
- Ihre Formel muß folgendermaßen aussehen:

  SUMME (Z (−7) S : Z (−3) S)

- Formatieren Sie die Felder *Z54:55S2* als **Fest** mit *3* **Dez-Stellen**.

5. Geben Sie das Wort *Stundensatz* in Feld Z54S1 ein und *DM* in Feld Z54S3.
    Nach der ersten Befehlseingabe (Bild 2.29):

```
| -1 |            1            |   2    | 3 | 4 | 5 |
|----|-------------------------|--------|---|---|---|
| 37 Raumkosten/Jahr          | 864,00 DM |
| 38 Raumkosten/Masch.h.      | 0,519 DM  |
| 39 |
| 40 Energiekosten |
| 41 installierte Leistung    | 2,80 kw/h |
| 42 Ausnutzung im Mittel     | 80%       |
| 43 Stromkosten              | 0,37 DM/kwh |
| 44 mittlere Inanspruchnahme | 2,24 kwh  |
| 45 Energiekosten/Maschinen.h. | 0,829 DM |
| 46 |
| 47 Maschhinenstundensatz |
| 48 kalkul. Abschreibungen/Maschh. | 3,246 DM |
| 49 kalkul. Zinsen/Maschh.   | 0,487 DM |
| 50 Service/Masch.h.         | 0,841 DM |
| 51 Raumkosten/Masch.h.      | 0,519 DM |
| 52 Energiekosten/Maschinen.h. | 0,829 DM |
| 53 |                         | ------------ |
| 54 Stundensatz              | 5,923 DM |
```

Bild 2.29

WERT: Z(-6)S+Z(-5)S+Z(-4)S+Z(-3)S+Z(-2)S

Formel eingeben
Z5Z52   Z(-7)S   84% frei   Multiplan:

Nach der zweiten Befehlseingabe:

```
| -1 |            1            |   2    | 3 | 4 | 5 |
|----|-------------------------|--------|---|---|---|
| 38 Raumkosten/Masch.h.      | 0,519 DM  |
| 39 |
| 40 Energiekosten |
| 41 installierte Leistung    | 2,80 kw/h |
| 42 Ausnutzung im Mittel     | 80%       |
| 43 Stromkosten              | 0,37 DM/kwh |
| 44 mittlere Inanspruchnahme | 2,24 kwh  |
| 45 Energiekosten/Maschinen.h. | 0,829 DM |
| 46 |
| 47 Maschhinenstundensatz |
| 48 kalkul. Abschreibungen/Maschh. | 3,246 DM |
| 49 kalkul. Zinsen/Maschh.   | 0,487 DM |
| 50 Service/Masch.h.         | 0,841 DM |
| 51 Raumkosten/Masch.h.      | 0,519 DM |
| 52 Energiekosten/Maschinen.h. | 0,829 DM |
| 53 |                         | ------------ |
| 54 Stundensatz              | 5,923 DM |
| 55 |                         | 5,923 |
```

Bild 2.30

WERT: SUMME(Z(-7)S:Z(-3)S)

Formel eingeben
Z5Z52   Z(-7)S   84% frei   Multiplan:

2.4.5 Das Multiplan-Lernziel:
Kopieren von Spalten

Aufgabe:
Es sollen ganze Bereiche kopiert werden, in diesem Fall ganze Spalten bis zu
einer bestimmten Zeilenzahl.

Ausführung:
1. Positionieren Sie den Cursor auf Feld Z6S2.
2. Wählen Sie den **KOPIE VON** Befehl an.
3. Geben Sie die Bereichsangabe ein, die kopiert werden soll:

    Z6:54S2:3 (Zeile 6 bis 54, Spalte 2 bis 3)

4. Springen Sie mit dem Cursor in den Unterbefehl **in Feld**.
5. Geben Sie die Bereichsangabe ein, in die kopiert werden soll:

    Z6:54S4:5 (Zeile 6 bis 54, Spalte 4 bis 5)

6. Bestätigen Sie den Befehl mit der **RETURN**-Taste.
7. Vergeben Sie für die Spalte 2 und 3 in Zeile 4 die Überschrift *Maschine 1*
    und für Spalte 4 und 5 *Maschine 2.*

Wenn Sie die Eingaben richtig vorgenommen haben, sieht Ihr Bildschirm wie folgt aus:

```
-1              1              2        3        4        5
 3 Gerätespezifikation
 4 Inventarnummer           Maschine 1      Maschine 2
 5 -------------------------------------------------------------
 6 Erreichbare Maschinenstunden    40 h/Woche       40 h/Woche
 7 Wochen pro Jahr                 52 Wochen        52 Wochen
 8 Arbeitsstunden ohne Urlaub    2080 Stunden     2080 Stunden
 9 Ausfallzeiten (Url/Service)   20,0%            20,0%
10 Ausfallstunden                 416 Stunden      416 Stunden
11                              ----------       ----------
12 Erreichbare Arb.stdn./Jahr   1664 Stunden     1664 Stunden
13
14 kalkulatorische Abschreibungen
15 Anschaffungspreis          16500,00 DM      16500,00 DM
16 Laufzeit                        4 Jahre          4 Jahre
17 Anschaffungsjahr             1984             1984
18 Preisindex Anschaffungsjahr   126 Punkte       126 Punkte
19 Preisindex nach Abschreibung  165 Punkte       165 Punkte
20 Wiederbeschaffungswert      21607,14 DM      21607,14 DM

KOPIE VON Feld: Z6:S452:3        in Feld: Z6:S454:5

Position eines Feldes oder Tabellenbereichs eingeben
Z455                            78% frei      Multiplan:
```

Bild 2.31

2.4.6 Das Multiplan-Lernziel:
Datensicherung

Aufgabe:
Sichern Sie alle Ihre Änderungen im Arbeitsblatt.

Ausführung:
1. Geben Sie ... Aber das können Sie sicherlich schon ohne Anleitung.

2.4.7 Das Multiplan-Lernziel:
Kopie mehrerer Spalten

Aufgabe:
Es sollen mehrere Spalten mit Hilfe der Bereichsangaben durch einen Befehl auf einmal kopiert werden.

Ausführung:
1. Positionieren Sie den Cursor auf Feld Z6S6.
2. Wählen Sie den **KOPIE VON** Befehl an.
3. Geben Sie die Bereichsangabe ein:

    Z6:54S2:5 (Zeile 6 bis 54, Spalte 2 bis 5)

4. Springen Sie mit dem Cursor auf den Unterbefehl **in Feld**.
5. Geben Sie die Bereichsangabe ein:

    Z6:54S6:9 (Zeile 6 bis 54, Spalte 6 bis 9)

6. Bestätigen Sie den Befehl mit der **RETURN**-Taste.
7. Positionieren Sie den Cursor auf Feld Z2S5.
8. Wählen Sie den Befehl **KOPIE RECHTS an**, und geben Sie bei **Anzahl Kopien** eine *4* ein.
9. Bestätigen Sie den Befehl mit der **RETURN**-Taste.
10. Verfahren Sie mit der Zeile 5 genauso.
11. Vergeben Sie für diese beiden Spalten die Überschriften *Maschine 3* und *Maschine 4*.

Wenn Sie die Eingaben richtig vorgenommen haben, sieht Ihr Bildschirm wie
folgt aus:

```
-1        3         4         5         6         7         8         9
 1
 2 ====================================================================
 3
 4          Maschine 2          Maschine 3          Maschine 4
 5 ------------------------------------------------------------------
 6 h/Woche       40 h/Woche        40 h/Woche        40 h/Woche
 7 Wochen        52 Wochen         52 Wochen         52 Wochen
 8 Stunden     2080 Stunden      2080 Stunden      2080 Stunden
 9             20,0%             20,0%             20,0%
10 Stunden      416 Stunden       416 Stunden       416 Stunden
11             ----------        ----------        ----------
12 Stunden     1664 Stunden      1664 Stunden      1664 Stunden
13
14
15 DM       16500,00 DM       16500,00 DM       16500,00 DM
16 Jahre          4 Jahre           4 Jahre           4 Jahre
17             1984              1984              1984
18 Punkte        126 Punkte        126 Punkte        126 Punkte

KOPIE VON Feld: Z6:S452:5        in Feld: Z6:S456:9

Position eines Feldes oder Tabellenbereichs eingeben
Z6S8     40                           81% frei        Multiplan:
```

Bild 2.32

2.4.8 Was Sie bisher erreicht haben!

Wie Sie gesehen haben, können Sie den **KOPIE VON** Befehl nicht nur einsetzen, um Zahlenwerte von einem Feld in ein anderes zu kopieren, sondern Sie können auch ganze Blöcke mit Zahlen, Formeln und Texten kopieren.
Denken Sie daran, daß mit dem Befehl **KOPIE** immer der „Feldinhalt" kopiert wird (der nicht notwendigerweise mit der Anzeige auf dem Bildschirm übereinstimmen muß). Selbst wenn auf dem Bildschirm eine Zahl erscheint, müssen Sie in die linke untere Bildschirmecke schauen, um zu sehen, ob hinter dieser Zahl nicht vielleicht eine Formel steckt. Dann würde beim Kopieren nämlich nicht die Zahl, sondern die Formel kopiert!
Die Kopie selbst sollte in dem Arbeitsblatt vorgenommen werden, um mehrere Maschinen miteinander vergleichen zu können. Denn alle Felder die keinen Formelinhalt haben, können individuell mit anderen Zahlenwerten belegt werden.
Sie sparen sich durch die Kopie natürlich auch die erneute Eingabe sämtlicher Formeln.

2.5

Das Arbeitsblatt ist mit den dazugehörigen Berechnungen nunmehr vollständig abgeschlossen. Die Befehle, die jetzt noch durchgeführt werden sollen, dienen der Vereinfachung bei der Bearbeitung und zur besseren Übersicht eines größeren Arbeitsblattes.
Um ein Arbeitsblatt übersichtlicher zu gestalten, können waagerechte oder senkrechte Ausschnitte eingerichtet werden.
Sie benötigen dazu die Befehlsfolge **AUSSCHNITT TEILEN.** Natürlich können Sie eingerichtete Ausschnitte auch wieder löschen, mit der Befehlsfolge
AUSSCHNITT LÖSCHEN.
Angelegte Ausschnitte können mit abgespeichert werden. Sie erscheinen dann beim Laden der Datei wieder an entsprechender Stelle.
Das Einrichten von Ausschnitten ist besonders bei Arbeitsblättern von größerem Umfang sinnvoll. Ebenso wie der Befehl **GEHEZU**, dessen Einsatz auch erst ab einer gewissen Größe des Arbeitsblattes sinnvoll wird und die Bearbeitung erleichtert. Es kann z.B. angegeben werden

    GEHEZU Zeile: 120   Spalte: 60

Der Cursor springt dann sofort in die angegebene Koordinatenposition.

2.5.1 Das Multiplan-Lernziel:
Der Befehl **Gehezu**

Aufgabe:
An diesem nun kompletten Arbeitsblatt können einige andere Befehle, wie
z. B. der Befehl **Gehezu** erläutert werden.
Um mit größerer Geschwindigkeit in bestimmte Felder zu gelangen, wird der
Befehl **Gehezu** verwendet.

Ausführung:
1. Geben Sie unter *Maschine 4, 35 h/Woche* ein.

Um nun den veränderten *Stundensatz* der Maschine bei einer Arbeitszeit von
35 h/Woche einsehen zu können, müssen Sie mit dem Cursor das ganze Arbeitsblatt hinunterfahren bis Z54S8.
Diese Aufgabe können Sie schneller lösen.

2. Positionieren Sie den Cursor auf Feld Z6S8.
3. Drücken Sie die Taste **G** für den Befehl **Gehezu**, wählen Sie den Unter-
    befehl **Zeile Spalte** an, bestätigen Sie den Befehl mit der **RETURN**-Taste.
4. Geben Sie bei **GEHEZU Zeile:** *54* ein, und bestätigen Sie mit der **RE-
    TURN**-Taste.

Wenn Sie die Eingaben richtig vorgenommen haben, sieht Ihr Bildschirm wie
folgt aus:

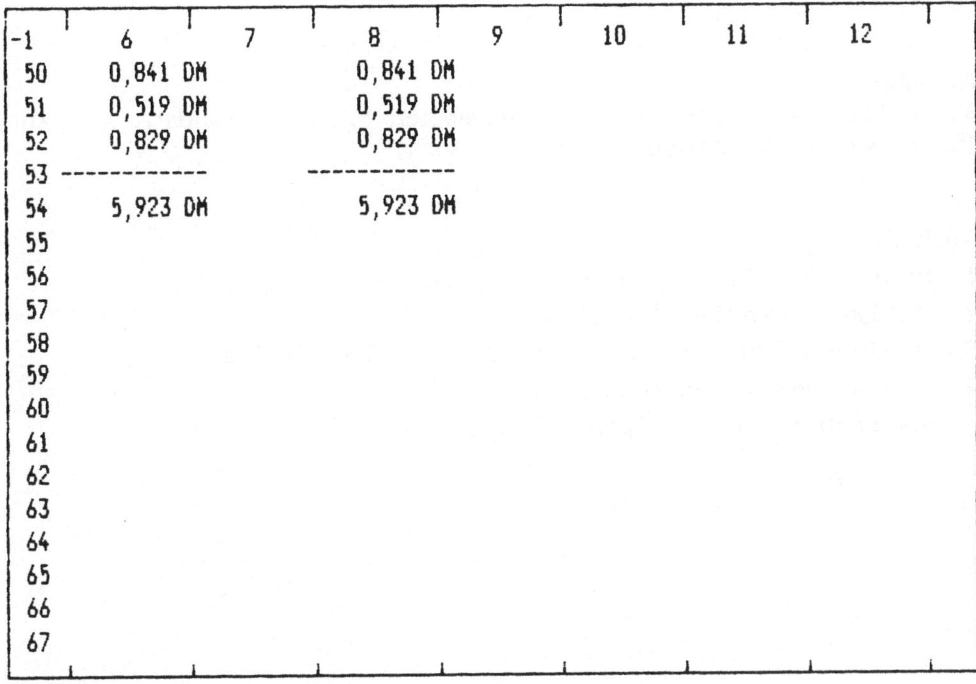

Bild 2.33

2.5.2 Das Multiplan-Lernziel:
Spaltenbewegen

Aufgabe:
Sie wollen die Reihenfolge Ihrer angelegten Spalten verändern, d.h. die
Maschine 4 mit der *Maschine 3* vertauschen.

Ausführung:
1. Positionieren Sie den Cursor in Spalte 8.
2. Wählen Sie den Befehl **Bewegen** an.
3. Im Unterbefehlsmenü drücken Sie die Taste **S** für **Spalten.**
4. Machen Sie dann folgende Eingaben:
   von Spalte: *8*   **bis vor Spalte:** *6*   **Spaltenzahl:** *2*

Wie Sie sehen, hat Multiplan die beiden Spalten komplett ausgetauscht.
Ihr Bildschirm zeigt bei richtiger Eingabe:

```
-1       2         3          4         5         6         7         8
 3
 4 Maschine 1            Maschine 2           Maschine 4          Maschine 3
 5 -----------------------------------------------------------------------
 6        40 h/Woche         40 h/Woche        40 h/Woche         40
 7        52 Wochen          52 Wochen         52 Wochen          52
 8      2080 Stunden       2080 Stunden      2080 Stunden       2080
 9      20,0%              20,0%             20,0%              20,0%
10       416 Stunden        416 Stunden       416 Stunden        416
11 ----------         ----------        ----------         ----------
12      1664 Stunden       1664 Stunden      1664 Stunden       1664
13
14
15 16500,00 DM        16500,00 DM       16500,00 DM        16500,00
16        4 Jahre            4 Jahre           4 Jahre            4
17      1984               1984              1984               1984
18       126 Punkte         126 Punkte        126 Punkte        126
19       165 Punkte         165 Punkte        165 Punkte        165
20 21607,14 DM        21607,14 DM       21607,14 DM        21607,14

BEWEGEN SPALTEN von Spalte: 8   bis vor Spalte: 6   Spaltenanzahl: 2

Zahl eingeben
Z456      "Maschine 4"              81% frei       Multiplan:
```

Bild 2.34

2.5.3 Das Multiplan-Lernziel:
Das Einrichten von Ausschnitten

Aufgabe:
Wenn Sie den Cursor auf Spalte 6 Ihres Arbeitsblattes positionieren, können
Sie die zugehörigen Texte in Spalte 1 nicht mehr einsehen. Es wird also
schwierig, den Werten die dazugehörigen Texte zuzuweisen.
Zur Lösung dieses Problems können Sie auf Ihrem Arbeitsblatt Ausschnitte
einrichten.

Ausführung:
1. Positionieren Sie den Cursor auf Feld Z1S1. Diese Position können Sie
   erreichen, indem sie die **Home**-Taste drücken. Bringen Sie dann den
   Cursor auf Feld Z1S2.
2. Drücken Sie die Taste **A** für **Ausschnitt**
                             T für **Teilen**
                             S für **Senkrecht**

   bei **Spalte:** *2*   **verbunden:** (Ja)Nein
3. Bestätigen Sie den Befehl mit der **RETURN**-Taste.
4. Drücken Sie noch einmal die Taste **A** für **Ausschnitt**
                                            U für **Umrahmen**
                Ausschnitt Nummer: *2.*
5. Bestätigen Sie den Befehl mit der **RETURN**-Taste.

Wenn Sie nun den Cursor über die Zeile 20 hinausbewegen, sehen Sie, daß
beide Fenster sich gleichmäßig bewegen.
Von Zeile 26 aus bringen Sie den Cursor in die Spalte 8, der Text bleibt in
Spalte 1 sichtbar, und Sie können jederzeit den dazugehörigen Wert einsehen.
Wenn Sie den Befehl **GEHEZU AUSSCHNITT** benutzen, können Sie von
einem Ausschnitt in den anderen springen.

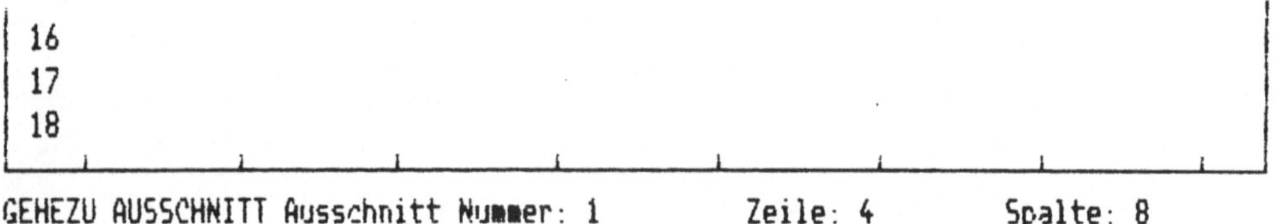

Bild 2.35

6. Drücken Sie die Taste **G** für den Befehl **Gehezu** und die Taste **A** für den Befehl **Ausschnitt**.
7. Geben Sie bei **Nummer** eine *1* ein und bestätigen Sie die Eingabe mit der **RETURN**-Taste.

Wenn Sie diese Datei abspeichern, wird der Ausschnitt mit abgespeichert.
Wenn Sie die Eingaben richtig vorgenommen haben, sieht Ihr Bildschirm wie
folgt aus:

```
-1                        1
   2 =============================-2 |   2     |   3     |   4     |   5
   3 Gerätespezifikation
   4 Inventarnummer                  Maschine 1         Maschine 2
   5 -------------------------       ----------------------------------
   6 Erreichbare Maschinenstunden         40 h/Woche         40 h/Woche
   7 Wochen pro Jahr                      52 Wochen          52 Wochen
   8 Arbeitsstunden ohne Urlaub         2080 Stunden       2080 Stunden
   9 Ausfallzeiten (Url/Service)        20,0%              20,0%
  10 Ausfallstunden                      416 Stunden        416 Stunden
  11                                 ----------         ----------
  12 Erreichbare Arb.stdn./Jahr         1664 Stunden       1664 Stunden
  13
  14 kalkulatorische Abschreibungen
  15 Anschaffungspreis              16500,00 DM        16500,00 DM
  16 Laufzeit                           4 Jahre            4 Jahre
  17 Anschaffungsjahr               1984               1984
  18 Preisindex Anschaffungsjahr     126 Punkte         126 Punkte
  19 Preisindex nach Abschreibung    165 Punkte         165 Punkte
  20 Wiederbeschaffungswert         21607,14 DM        21607,14 DM
  21 AFA linear
AUSSCHNITT TEILEN SENKRECHT bei Spalte: 2        verbunden:(Ja)Nein

Zahl eingeben
Z20S2    Z(-5)S*Z(-1)S/Z(-2)S          81% frei       Multiplan:
```

Bild 2.36

2.5.4 Das Multiplan-Lernziel:
Löschen und das Einrichten von Ausschnitten

Aufgabe:
Wenn Sie die *40 h/Woche* der Maschine 1 in *35 h/Woche* ändern, könnten Sie
den Stundensatz in Z54S2 nicht sofort einsehen, es sei denn, Sie richten
einen Ausschnitt für diesen Bereich ein.

Ausführung:
1. Betätigen Sie die Taste **HOME**, oder wählen Sie den Befehl **Gehezu Zeile**
    1 **Spalte** *1*. Positionieren Sie den Cursor in Spalte 3 Zeile 15, Aus-
    schnitt 2.
2. Drücken Sie die Taste **A** für **Ausschnitt**
    T für **Teilen**
    W für **Waagerecht**
    bei Zeile: *15*   **verbunden:** (Ja) Nein
3. Bestätigen Sie den Befehl mit der **RETURN**-Taste.
4. Wählen Sie den Befehl **GEHEZU: Zeile Spalte** an.
5. Geben Sie bei **GEHEZU Zeile:** *54* ein.
6. Bestätigen Sie die Eingabe mit der **RETURN**-Taste.
7. Drücken Sie so lange die **F6**-Taste, bis der Cursor in Ausschnitt 2 steht,
    oder wählen Sie den Befehl **GEHEZU AUSSCHNITT Ausschnitt Num-
    mer:** *1*
8. Ändern Sie das Feld Z6S2 in *35* um, und beachten Sie die Änderung in
    Ausschnitt 3.

Durch die eingerichteten Ausschnitte haben Sie einen optimalen Überblick über die wichtigsten Positionen Ihres Arbeitsblattes.
Wenn Sie die Eingaben richtig vorgenommen haben, sieht Ihr Bildschirm wie folgt aus:

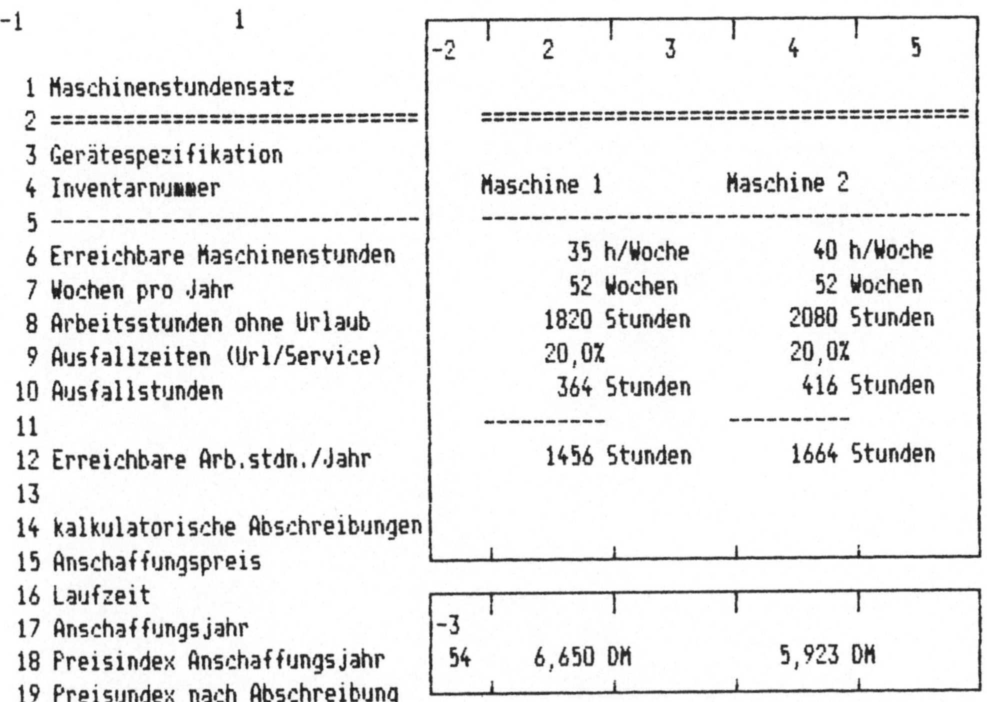

Bild 2.37

!! Bitte denken Sie an die Datensicherung !!

2.5.5 Anmerkung zur Belegung der Funktionstasten

Wie schon angesprochen, können Sie mit der Funktionstaste **F6** den Cursor von einem Ausschnitt in den anderen bringen. Wie die restlichen Funktionstasten in Multiplan belegt sind, entnehmen Sie bitte der untenaufgeführten Liste.
Die Tasten **F1** bis **F4** können Sie in Verbindung mit den Befehlen Text und Wert benutzen.

TASTEN FÜR ANDERE TERMINALS
IBM, COMPAQ, COLUMBIA DATA PRODUCTS, CORONA DATA SYSTEMS PC's
F6 Nächster Ausschnitt
F5 Nächstes ungeschütztes Feld
F8 Neuberechnen
F1 Linkes Zeichen (bei Änderungen der Eingabe)
F2 Rechtes Zeichen
F3 Linkes Wort (bei Änderungen der Eingabe)
F4 Rechtes Wort
F10 Aufrufen des Befehls **HILFE**

2.6

Der Befehl **Druck** wird ausführlich behandelt, um ganze Arbeitsblätter oder Teile daraus ausdrucken zu können. In Multiplan können Sie individuelle Bereichsangaben für den Ausdruck eingeben. Sie können praktisch von einem einzigen Feld bis zu einem ganzen Arbeitsblatt jede beliebige Zwischenstufe auf einem Drucker ausdrucken lassen. Außerdem können Sie den Satzspiegel, der durch das Einstellen der Randbegrenzungen festgelegt wird, bestimmen. Sie können die eingegebenen Formeln ausdrucken oder auf dem Bildschirm anzeigen lassen. Es ist auch möglich die Zeilen- und Spaltennummern, die auf dem Bildschirm als Maske erscheinen, ausdrucken zu lassen.
Als letzter Punkt zum Arbeitsblatt Maschinenstundensatz wird Ihnen nun ein Einblick in die Möglichkeiten zur Vergabe von Steuerzeichen gegeben. In unserem Beispiel dienen die Steuerzeichen zur Einstellung der Druckerbreite.

2.6.1 Das Multiplan-Lernziel:
Ausdrucken eines Arbeitsblattes

Aufgabe:
Löschen Sie alle eingerichteten Ausschnitte, bevor Sie ein Arbeitsblatt ausdrucken.

Ausführung:
1. Wählen Sie den Befehl **AUSSCHNITT LÖSCHEN an**, und geben Sie die jeweilige Nummer des zu löschenden Ausschnittes an.
2. Bestätigen Sie den Befehl mit der **RETURN**-Taste.
3. Wählen Sie den Befehl **Druck** an, indem Sie die Taste **D** drücken.
4. Wählen Sie den Unterbefehl **Optionen** an.

Sie sehen, daß die Bereichsangabe auf Z1:255 steht, d.h., daß programmäßig festgelegt ist, daß der gesamte Bereich des Arbeitsblattes ausgedruckt wird. Sollte das im Drucker befindliche Papier nicht breit genug für einen solchen Ausdruck sein, müssen Sie die Bereichsangabe selbst festlegen.

5. Geben Sie den Bereich ein, den Sie drucken möchten, in diesem Falle *Z1:54S1:5.*
6. Bestätigen Sie die Eingabe mit der **RETURN**-Taste.
7. Der Cursor befindet sich auf dem Befehl **Drucker**, Sie brauchen lediglich mit der **RETURN**-Taste zu bestätigen, um den Druckvorgang durchzuführen.

Da Sie in der Bereichsangabe festgelegt haben, daß Sie lediglich die Spalten 1 bis 5 ausdrucken wollten, müßte Ihr Ausdruck folgendermaßen aussehen:

```
Maschinenstundensatz
==================================================================
Gerätespezifikation
Inventarnummer                   Maschine 1           Maschine 2
------------------------------------------------------------------
Erreichbare Maschinenstunden        35 h/Woche           40 h/Woche
Wochen pro Jahr                     52 Wochen            52 Wochen
Arbeitsstunden ohne Urlaub        1820 Stunden         2080 Stunden
Ausfallzeiten (Url/Service)       20,0%                20,0%
Ausfallstunden                     364 Stunden          416 Stunden
                                  -----------          -----------
Erreichbare Arb.stdn./Jahr        1456 Stunden         1664 Stunden

kalkulatorische Abschreibungen
Anschaffungspreis             16500,00 DM          16500,00 DM
Laufzeit                          4 Jahre              4 Jahre
Anschaffungsjahr               1984                 1984
Preisindex Anschaffungsjahr     126 Punkte           126 Punkte
Preisindex nach Abschreibung    165 Punkte           165 Punkte
Wiederbeschaffungswert        21607,14 DM          21607,14 DM
AFA linear                       25%                  25%
kalkul. Abschreibungen/Jahr    5401,79 DM           5401,79 DM
kalkul. Abschreibungen/Maschh.    3,710 DM             3,246 DM

kalkulatorische Zinsen
kalkulatorischer Zinsfuß           7,50%                7,50%
kalkul. Zinsen/Jahr              810,27 DM            810,27 DM
kalkul. Zinsen/Maschh.             0,557 DM             0,487 DM

Instandhaltungskosten
Servicekosten/Jahr             1400,00 DM           1400,00 DM
Service/Masch.h.                   0,962 DM             0,841 DM

Raumkosten
beanspruchter Raum                  6 qm                 6 qm
Verrechnungssatz/Monat            12,00 DM             12,00 DM
Raumkosten/Jahr                  864,00 DM            864,00 DM
Raumkosten/Masch.h.                0,593 DM             0,519 DM

Energiekosten
installierte Leistung              2,80 kw/h            2,80 kw/h
Ausnutzung im Mittel              80%                  80%
Stromkosten                        0,37 DM/kwh          0,37 DM/kwh
mittlere Inanspruchnahme           2,24 kwh             2,24 kwh
Energiekosten/Maschinen.h.         0,829 DM             0,829 DM

Maschinenstundensatz
kalkul. Abschreibungen/Maschh.    3,710 DM             3,246 DM
kalkul. Zinsen/Maschh.             0,557 DM             0,487 DM
Service/Masch.h.                   0,962 DM             0,841 DM
Raumkosten/Masch.h.                0,593 DM             0,519 DM
Energiekosten/Maschinen.h.         0,829 DM             0,829 DM
                                  ------------         ------------
Stundensatz                        6,650 DM             5,923 DM
```

Bild 2.38

2.6.2 Das Multiplan-Lernziel:
Einstellen der Randbegrenzung beim Ausdruck

Aufgabe:

Um einen einwandfreien Ausdruck Ihres Arbeitsblattes zu erhalten, müssen
Sie den Satzspiegel einstellen. Das heißt, die jeweiligen Abstände vom
oberen und unteren Rand des Blattes, sowie die Abstände rechts und links
müssen eingegeben werden.

Ausführung:

1. Wählen Sie den Befehl **Druck** an, drücken Sie die Taste **R** für **Randbegrenzung**. Mit Hilfe der **Tabulator**-Taste können Sie die einzelnen Unterbefehle anwählen und nach Beendigung der Eingaben die **RETURN**-Taste
   betätigen.

Anmerkung zur Einstellung der Randbegrenzung:

Vom Programm vorgesehen sind folgende Randbegrenzungen:

Links: 5	5 Zeichen Abstand vom linken Seitenrand
Oben: 6	6 Zeilen Abstand vom oberen Seitenrand
Druckbreite: 70	70 Zeichen werden in eine Zeile gedruckt
Drucklänge: 54	54 Zeilen werden auf einer Seite gedruckt
Seitenlänge: 66	der Seitenvorschub erfolgt nach 66 Zeilen

Natürlich können diese Randbegrenzungen auch individuell eingestellt werden.

Wie die Einstellung bei Endlospapier aussieht, entnehmen Sie bitte dem folgenden Bildschirm:

```
-1              1               2       3       4       5

 1 Maschinenstundensatz
 2 =========================================================================
 3 Gerätespezifikation
 4 Inventarnummer          Maschine 1              Maschine 2
 5 -------------------------------------------------------------------------
 6 Erreichbare Maschinenstunden      35 h/Woche            40 h/Woche
 7 Wochen pro Jahr                   52 Wochen             52 Wochen
 8 Arbeitsstunden ohne Urlaub      1820 Stunden          2080 Stunden
 9 Ausfallzeiten (Url/Service)     20,0%                 20,0%
10 Ausfallstunden                   364 Stunden           416 Stunden
11                                -----------           -----------
12 Erreichbare Arb.stdn./Jahr      1456 Stunden          1664 Stunden
13
14 kalkulatorische Abschreibungen
15 Anschaffungspreis          16500,00 DM           16500,00 DM
16 Laufzeit                          4 Jahre               4 Jahre
17 Anschaffungsjahr               1984                  1984
18 Preisindex Anschaffungsjahr      126 Punkte            126 Punkte

DRUCK RANDBEGRENZUNG: Links: 5      Oben: 6        Druckbreite: 72
                      Drucklänge: 66              Seitenlänge: 72
Zahl eingeben
Z652     35                         81% frei       Multiplan:
```

Bild 2.39

2.6.3 Das Multiplan-Lernziel:
Formel-, Zeilen- und Spaltenausdruck

Aufgabe:
Das Arbeitsblatt soll so ausgedruckt werden, daß die eingegebenen Formeln
und die Zeilen- und Spaltennummern erscheinen.

Ausführung:
1. Wählen Sie den Befehl **DRUCK OPTIONEN** an.
2. Springen Sie mit der **Tabulator**-Taste auf den Unterbefehl **Formeln**, wählen Sie mit der **Leertaste Ja** aus.
3. Springen Sie mit der **Tabulator**-Taste auf **Bereich** zurück.
4. Geben Sie dort den Bereich *Z1:12S1:3* ein.
5. Bestätigen Sie die Eingaben mit der **RETURN**-Taste.
6. Der Cursor befindet sich auf dem Befehl **Drucker**. Betätigen Sie die **RETURN**-Taste, um Ihren Druckvorgang auszulösen.

Anmerkung zum Ausdruck von Formeln:

Sämtliche Texteingaben werden in Hochkommata dargestellt, eingegebene Zahlenwerte werden in ihrer unformatierten Darstellung angezeigt. Die Formeln werden ihren Eingaben entsprechend angezeigt.
Der Ausdruck des Teilbereichs Ihres Arbeitsblattes sollte folgendermaßen aussehen:

```
"Maschinenstundensatz"
"================================"       "=========="        "=================
                                                             ==="

"Gerätespezifikation"
"Inventarnummer"                         "Maschine 1"
"------------------------------"         "----------"        "----------------"
"Erreichbare Maschinenstunden"           35                  "h/Woche"
"Wochen pro Jahr"                        52                  "Wochen"
"Arbeitsstunden ohne Urlaub"             Z(-1)S*Z(-2)S       "Stunden"
"Ausfalizeiten (Url/Service)"            0,2
"Ausfallstunden"                         Z(-1)S*Z(-2)S       "Stunden"
                                         "----------"
"Erreichbare Arb.stdn./Jahr"             Z(-4)S-Z(-2)S       "Stunden"
```

Bild 2.40

2.6.4 Formelanzeige auf dem Bildschirm

Sie haben nicht nur die Möglichkeit, sämtliche eingegebenen Formeln auszudrucken, Sie können sie auch auf dem Bildschirm einsehen.
Wenn Sie den Befehl **FORMAT OPTIONEN** anwählen, können Sie sich zum
einen **Tausenderpunkte** (z. B. *16.500,00*) zur besseren Lesbarkeit der Zahlenwerte angeben lassen. Zum anderen können Sie die Bildschirmanzeige
umstellen, daß sämtliche **Formeln** auf dem Bildschirm erscheinen. Die Anzeige sieht dann so aus:

```
-1                         1                   2                   3
 9 "Ausfallzeiten (Url/Service)" 0,2
10 "Ausfallstunden"             Z(-1)S*Z(-2)S       "Stunden"
11                              "----------"
12 "Erreichbare Arb.stdn./Jahr" Z(-4)S-Z(-2)S       "Stunden"
13
14 "kalkulatorische Abschreibunge
15 "Anschaffungspreis"          16500               "DM"
16 "Laufzeit"                   4                   "Jahre"
17 "Anschaffungsjahr"           1984
18 "Preisindex Anschaffungsjahr" 126                "Punkte"
19 "Preisundex nach Abschreibung"165                "Punkte"
20 "Wiederbeschaffungswert"     Z(-5)S*Z(-1)S/Z(-2)S"DM"
21 "AFA linear"                 1/Z(-5)S
22 "kalkul. Abschreibungen/Jahr" Z(-1)S*Z(-2)S      "DM"
23 "kalkul. Abschreibungen/MaschhZ(-1)S/Z(-11)S     "DM"
24
25 "kalkulatorische Zinsen"
26 "kalkulatorischer Zinsfuß"   0,075
```

```
FORMAT OPTIONEN Tausenderpunkte: Ja (Nein)        Formeln:(Ja)Nein

Bitte auswählen
Z2652    0,075                        81% frei       Multiplan:
```

Bild 2.41

2.6.5 Das Multiplan-Lernziel:
Arbeitsblattausdruck mit Zeilen- und Spaltennummern

Aufgabe:
Um später im Ausdruck eine bessere Übersicht auf dem Arbeitsblatt zu erlangen, sollen die jeweiligen Zeilen- und Spaltennummern mit ausgedruckt
werden.

Ausführung:
1. Wählen Sie den Befehl **DRUCK OPTIONEN** aus.
2. Springen Sie mit der **Tabulator**-Taste in den Unterbefehl **Zeilen/Spalten-
   nummern**, und drücken Sie die **Leertaste**, bis der Cursor auf **Ja** steht.
3. Drücken Sie die **Tabulator**-Taste bis zum Unterbefehl **Formeln**, setzen
   Sie den Befehl auf **Nein**.
4. Bestätigen Sie die Eingabe mit der **RETURN**-Taste.
5. Bestätigen Sie den Befehl **Drucker** mit der **RETURN**-Taste.

Der Ausdruck des Teilbereichs Ihres Arbeitsblattes sollte folgendermaßen
aussehen, ansonsten haben Sie einen Fehler bei der Eingabe gemacht:

```
                         1                        2           3
 1 Maschinenstundensatz
 2 ==============================================================================
 3 Gerätespezifikation
 4 Inventarnummer                          Maschine 1
 5 ------------------------------------------------------------------------------
 6 Erreichbare Maschinenstunden                35 h/Woche
 7 Wochen pro Jahr                             52 Wochen
 8 Arbeitsstunden ohne Urlaub                1820 Stunden
 9 Ausfallzeiten (Url/Service)               20,0%
10 Ausfallstunden                             364 Stunden
11                                         -------------
12 Erreichbare Arb.stdn./Jahr               1456 Stunden
```

Bild 2.42

2.6.6 Das Multiplan-Lernziel:
Druckersteuerzeicheneinsatz für eine veränderte Schriftbreite

Ausführung:

Sie haben mit MULTIPLAN die Möglichkeit, Arbeitsblätter in verschiedenen Schriftbreiten auszudrucken. Sie können z.B. 10, 12 oder 16,6 Zeichen pro Zoll drucken. Da die Steuerzeichen für jeden Drucker unterschiedlich sind, müssen Sie in Ihrem eigenen Drucker-Handbuch nachschlagen, um die entsprechenden Steuerzeichen festlegen zu können. Die in Ihrem Handbuch angegebenen Druckersteuerzeichen müssen Sie dann noch in einen Hexadezimalcode umrechnen. Die Umrechnung von Dezimalzahlen in Hexadezimalzahlen geschieht anhand einer Tabelle (siehe Abschnitt 5.6).
Wenn Sie bei einem bestimmten Druckertyp 10 Zeichen pro Zoll drucken wollen, lautet der Dezimalcode für den von uns verwendeten Drucker 27,60. Nach Umrechnung in den Hexadezimalcode bedeutet dies 1b, 3c. Durch die Eingabe eines kaufmännischen & und eines h wird dem System angezeigt, daß es sich bei dem nachfolgenden Zeichen um einen Hexadezimalcode handelt.
Sie würden also die Tasten **D** und **O** betätigen, um in die **DRUCK OPTIONEN** zu gelangen. Bei **Steuerzeichen:** &h1b&h3c eingeben und die Eingabe mit der RETURN-Taste bestätigen.

Der Drucker wird allgemein wie folgt eingestellt:

1. Wählen Sie den Befehl **DRUCK OPTIONEN** aus.
2. Geben Sie den Bereich an, der ausgedruckt werden soll.
3. Geben Sie bei den Steuerzeichen **den für Ihren Drucker entsprechenden Hexadezimalcode-Schlüssel ein**, und bestätigen Sie die Eingabe mit der RETURN-Taste.
4. Bestätigen Sie den Befehl **Drucker** mit der **RETURN**-Taste.

Anmerkung zu Druckersteuerzeichen:

Mit Hilfe verschiedener Druckersteuerzeichen können Sie nicht nur die Schriftbreite, sondern sämtliche Formatsteuerungen des jeweils verwendeten Druckers einstellen.

Der Ausdruck von 10 Zeichen pro Zoll sieht folgendermaßen aus:

```
                         1                    2         3
 1 Maschinenstundensatz
 2 ===========================================================
 3 Gerätespezifikation
 4 Inventarnummer                  Maschine 1
 5 ----------------------------------------------------------
 6 Erreichbare Maschinenstunden            35 h/Woche
 7 Wochen pro Jahr                         52 Wochen
 8 Arbeitsstunden ohne Urlaub            1820 Stunden
 9 Ausfallzeiten (Url/Service)           20,0%
10 Ausfallstunden                         364 Stunden
11                                        ----------
12 Erreichbare Arb.stdn./Jahr            1456 Stunden
```

Bild 2.43

Der Ausdruck von 12 Zeichen pro Zoll:

```
                         1                    2         3
 1 Maschinenstundensatz
 2 ===========================================================
 3 Gerätespezifikation
 4 Inventarnummer                  Maschine 1
 5 ----------------------------------------------------------
 6 Erreichbare Maschinenstunden            35 h/Woche
 7 Wochen pro Jahr                         52 Wochen
 8 Arbeitsstunden ohne Urlaub            1820 Stunden
 9 Ausfallzeiten (Url/Service)           20,0%
10 Ausfallstunden                         364 Stunden
11                                        ----------
12 Erreichbare Arb.stdn./Jahr            1456 Stunden
```

Bild 2.44

Der Ausdruck von 16,6 Zeichen pro Zoll sieht aus:

```
                        1                  2         3
 1 Maschinenstundensatz
 2 ==================================================
 3 Gerätespezifikation
 4 Inventarnummer                  Maschine 1
 5 -------------------------------------------------
 6 Erreichbare Maschinenstunden        35 h/Woche
 7 Wochen pro Jahr                     52 Wochen
 8 Arbeitsstunden ohne Urlaub        1820 Stunden
 9 Ausfallzeiten (Url/Service)       20,0%
10 Ausfallstunden                     364 Stunden
11                                   ----------
12 Erreichbare Arb.stdn./Jahr        1456 Stunden
```

Bild 2.45

2.6.7 Das Multiplan-Lernziel:
Anwendung einer Hexadezimaltabelle

Aufgabe:
Die Zahl 27 soll als Hexadezimalcode aus der folgenden Tabelle abgelesen
werden.

Ausführung:
1. Suchen Sie den Zahlenwert 27 aus der Tabelle heraus.
2. Lesen Sie zuerst die entsprechende Spalte ab.
   (die entsprechende Spaltennummer wäre die 1)
3. Lesen Sie dann die entsprechende Zeile ab.
   (die entsprechende Zeilennummer wäre das B)

Der Hexadezimalcode für die dezimale Zahl **27** lautet also **1B**.
Tabelle zu Umrechnung dezimal/hexadezimal/dual:

hexadezimal		0	1	2	3	4	5	6	7
	dual	0000	0001	0010	0011	0100	0101	0110	0111
0	0000	0	16	32	48	64	80	96	112
1	0001	1	17	33	49	65	81	97	113
2	0010	2	18	34	50	66	82	98	114
3	0011	3	19	35	51	67	83	99	115
4	0100	4	20	36	52	68	84	100	116
5	0101	5	21	37	53	69	85	101	117
6	0110	6	22	38	54	70	86	102	118
7	0111	7	23	39	55	71	87	103	119
8	1000	8	24	40	56	72	88	104	120
9	1001	9	25	41	57	73	89	105	121
A	1010	10	26	42	58	74	90	106	122
B	1011	11	27	43	59	75	91	107	123
C	1100	12	28	44	60	76	92	108	124
D	1101	13	29	45	61	77	93	109	125
E	1110	14	30	46	62	78	94	110	126
F	1111	15	31	47	63	79	95	111	127

Bild 2.46

2.6.8 Übung I

Versuchen Sie, anhand des Bildschirmausdrucks (Bild 2.47) und der ange-
gegebenen Formeln das Arbeitsblatt „Effektiver Jahreszins" zu erstellen.
Die Formeln lauten:

Disagio = Kreditbetrag * (100-Auszahlungssatz) %
      (d.h. Z(−7)S * Z(−6)S%)

Auszahlungsbetrag = Kreditbetrag * Auszahlungssatz %

Zins pro Jahr = Kreditbetrag * Zinssatz %

Gebühren pro Jahr = Gebühren/Laufzeit

Disagio pro Jahr = Disagio/Laufzeit

Jährl. Belastung = Zins pro Jahr + Gebühren pro Jahr + Disagio pro Jahr

Effektiver Zinssatz = Jährl. Belastung * 100/Auszahlungsbetrag

Vergleichen Sie Ihr Arbeitsblatt mit folgendem Bildschirmausdruck:

```
 -1      1        2        3        4        5        6        7
  6
  7 Effektiver Jahreszins
  8
  9 ----------------------------------------------------------------
 10 Kreditbetrag          80000,00 DM
 11 Auszahlungssatz          98 %
 12 Zinssatz                 12 %
 13 Laufzeit                  7 Jahre
 14 Gebühren               380,00 DM
 15 Disagio               1600,00 DM
 16
 17 Auszahlungsbetrag    78400,00 DM
 18 Zins pro Jahr         9600,00 DM
 19 Gebühren pro Jahr       54,29 DM
 20 Disagio pro Jahr       228,57 DM
 21 Jährl. Belastung      9882,86 DM
 22 Effektiver Zinssatz     12,61 %
 23

BEFEHL: Text Ausschnitt Bewegen Druck Einfügen Format Gehezu Hilfe Kopie Löschen
        Name Ordnen Quit Radieren Schutz übertragen Verändern Wert Xtern Zusätze
Einen Befehl auswählen oder Anfangsbuchstaben eingeben
Z23S3                          90% frei        Multiplan:
```

Bild 2.47

Sollten Sie mit den Eingaben nicht zurechtkommen, sehen Sie sich die
Lösung I im ANHANG A ein.

3 Das Arbeitsblatt Überprüfung des Etats

Es sollen zwei Arbeitsblätter: Etat und Etatb aufgebaut werden.
Im Arbeitsblatt Etat werden die laufenden Kosten monatlich eingetragen und dann summiert. Der Durchschnitt der Kosten wird ermittelt und die Anzahl der Monate, in die Eintragungen vorgenommen wurden, wird errechnet.
Im Arbeitsblatt Etatb wird der Jahresetat eingetragen. Durch den Befehl **Xtern Kopie** werden die ermittelten tatsächlichen Monatsdurchschnitte aus dem Arbeitsblatt Etat kopiert. Die vorhandenen Durchschnittswerte werden auf das Jahr hochgerechnet und die Differenz zum Jahresetat wird ermittelt.
Anhand des Beispiels „Überprüfung des Etats" werden die bisher vermittelten MULTIPLAN-Befehle durch Wiederholungen vertieft. Außerdem werden weitere Befehle und Funktionen erläutert.
Zwei Arbeitsblätter werden miteinander verbunden. Das heißt, Sie kopieren aus einem bereits angelegten Arbeitsblatt Daten in das aktivierte, aktuelle Arbeitsblatt mit Hilfe der Befehle:

Name
Xtern Kopie

Außerdem lernen Sie die Funktion **MITTELW(Liste)**
ANZAHL(Liste) kennen.

3.1

Zuerst wird das Arbeitsblatt Etat angelegt, in dem die laufenden Kosten, wie z.B. Löhne und Gehälter monatlich festgehalten werden.
Die Kosten sollen in Zeile 14 monatlich summiert werden. Wir befinden uns im Monat Mai, bis in diesen Monat können also Eintragungen vorgenommen werden. Bei allen anderen Monaten wird nach Kopieren der Summenformel das Ergebnis 0 erscheinen.
In Zeile 16 werden die gewährten Gutschriften eingegeben.
In Zeile 18 werden durch eine Subtraktion die tatsächlich entstandenen Kosten für den jeweiligen Monat ermittelt.

3.1.1 Das Multiplan-Lernziel:
Texteingabe und Spaltenbreiteänderung

Aufgabe:
Es sollen Spaltenbreiten verändert werden, in die eine Texteintragung vor-
genommen wird. Die Unterstreichung der Texte wird in die entsprechenden
Felder kopiert.

Ausführung:
1. Löschen Sie den Bildschirminhalt mit Hilfe der Befehle **ÜBERTRAGEN BILDSCHIRMLÖSCHEN**. Bestätigen Sie mit der Taste **J** für **Ja**.
2. Positionieren Sie den Cursor auf Feld Z1S1.
3. Wählen Sie den Befehl **Text** aus, und schreiben Sie den Text *Überprüfung des Etats.*
4. Wählen Sie den Befehl **FORMAT BREITE DER SPALTEN** aus, und ver-breitern Sie die Spalte 1 auf *25* Zeichen.
5. Geben Sie die Unterstreichung in Zeile 2 ein.
6. Geben Sie die Texte in Spalte 1 ein.
7. Verändern Sie die Breite der Spalten, 2 bis 13 auf eine Spaltenbreite von *5* Zeichen.
8. Gehen Sie folgendermaßen vor:
   - Positionieren Sie den Cursor auf Feld Z5S2.
   - Wählen Sie den Befehl **FORMAT BREITE DER SPALTE** aus.
   - Geben Sie als Standard *5* ein, und springen Sie mit der **Tabulator**-Taste auf Spalte. Dort bleibt die *2* stehen.
   - Geben Sie im Unterbefehl **bis:** die Spaltennummer *13* ein.
   - Bestätigen Sie die Eingaben mit der **RETURN**-Taste.

Wie Sie sehen, können Sie für eine Anzahl von Spalten mit einem einzigen
Befehl eine bestimmte Spaltenbreite festlegen.

9. Geben Sie die entsprechende Abkürzung für die Monatsnamen in Zeile 5 ein.
10. Positionieren Sie den Cursor auf das Feld Z6S2.
11. Geben Sie über den Befehl **Text** *fünfmal* das *Gleichheitszeichen* ein.
12. Wählen Sie den Befehl **KOPIE RECHTS** aus, und kopieren Sie die Unter-streichung um 11 Spalten nach rechts.

Wenn Sie alle Eingaben richtig vorgenommen haben, sollte der Teilausdruck
Ihres Bildschirms wie folgt aussehen:

```
  -1             1         2 '3 '4 '5 '6 '7 '8 '9 '10 '11
   1 Überprüfung des Etats
   2 ========================
   3
   4
   5                   Jan  Feb  März April Mai Juni Juli Aug  Sept Okt
   6                   ========================================================
   7 Löhne/Gehälter
   8 Pers. Nebenkosten
   9 Betriebsmittel
  10 Dienstleistungen
  11 Abschreibungen
  12 Sonstige Kosten
  13
  14 Summe Kosten
  15
  16 Gutschrift
  17
  18 Summe Netto Kosten
```

FORMAT BREITE DER SPALTE in Zeichen oder S(tandard): 5
                   Spalte: 2   bis: 13
Zahl eingeben
Z551   90% frei   Multiplan:

Bild 3.1

!! Bitte denken Sie an die Datensicherung !!

(**Übertragen Speichern** Dateiname: *Etat*)
Vergeben Sie den Dateinamen *Etat*

3.1.2 Das Multiplan-Lernziel:
Zahlenwerte und Formeleingabe

Aufgabe:
Zwei verschiedene Möglichkeiten zur Durchführung der Addition werden vorgestellt.

Ausführung:
1. Geben Sie die Zahlenwerte in Z7:12S2:6 ein. Sie können die Werte dem nachfolgenden Bildschirmausdruck entnehmen.

Denken Sie daran, daß Sie nicht jedesmal die Taste **W** für **Wert** drücken müssen, um Zahlen einzugeben, sondern Sie können die Zahlen direkt eingeben, da Sie sich ständig im Wert-Modus befinden.

2. Positionieren Sie den Cursor auf Feld Z14S2.
3. Geben Sie den Befehl **Wert** ein.
4. Fahren Sie mit dem Cursor auf die Zahl *144*, drücken Sie das *Pluszeichen*.
5. Fahren Sie mit dem Cursor auf die Zahl *50*, drücken Sie das *Pluszeichen*.
6. Fahren Sie mit dem Cursor auf die Zahl *16*, drücken Sie das *Pluszeichen*.
7. Fahren Sie mit dem Cursor auf die Zahl *42*, drücken Sie das *Pluszeichen*.
8. Fahren Sie mit dem Cursor auf die Zahl *30*, drücken Sie das *Pluszeichen*.
9. Fahren Sie mit dem Cursor auf die Zahl *2* und drücken Sie die ⌐ETURN-Taste.

Das ist eine Möglichkeit, eine Zahlenkolonne zu addieren, eine andere Möglichkeit bietet, die Funktion **SUMME(Liste)** an.

1. Positionieren Sie den Cursor auf Feld Z14S3, und gehen Sie in den Befehl **Wert**.
2. Schreiben Sie das Wort *Summe*, machen Sie die *Klammer auf*, fahren Sie mit dem Cursor auf die Zahl *144*, geben Sie den *Doppelpunkt* ein, fahren Sie mit dem Cursor auf die Zahl *0*, machen Sie die *Klammer zu* und bestätigen Sie den Befehl mit der **RETURN**-Taste.

Wenn Sie alle Eingaben richtig vorgenommen haben, sollte der Bildschirm wie folgt aussehen:

Nach Eingabe der einfachen Addition

```
-1              1       2   3   4   5   6   7   8   9  10  11
  1 Überprüfung des Etats
  2 =====================
  3
  4
  5                   Jan Feb  März April Mai Juni Juli Aug  Sept Okt
  6                   ================================================
  7 Löhne/Gehälter    144 144  146  150  150
  8 Pers. Nebenkosten  50  48   46   48   48
  9 Betriebsmittel     16  18   18   14   16
 10 Dienstleistungen   42  40   42   40   34
 11 Abschreibungen     30  30   32   34   34
 12 Sonstige Kosten     2   0    1    2    1
 13
 14 Summe Kosten      284
 15
 16 Gutschrift
 17
 18 Summe Netto Kosten
```

Bild 3.2

```
WERT:  Z(-7)S+Z(-6)S+Z(-5)S+Z(-4)S+Z(-3)S+Z(-2)S

Formel eingeben
Z12S2    2                      89% frei      Multiplan:
```

Nach Eingabe der Funktion **SUMME(Liste)**:

```
-1              1       2   3   4   5   6   7   8   9  10  11
  1 Überprüfung des Etats
  2 =====================
  3
  4
  5                   Jan Feb  März April Mai Juni Juli Aug  Sept Okt
  6                   ================================================
  7 Löhne/Gehälter    144 144  146  150  150
  8 Pers. Nebenkosten  50  48   46   48   48
  9 Betriebsmittel     16  18   18   14   16
 10 Dienstleistungen   42  40   42   40   34
 11 Abschreibungen     30  30   32   34   34
 12 Sonstige Kosten     2   0    1    2    1
 13
 14 Summe Kosten      284 280
 15
 16 Gutschrift
 17
 18 Summe Netto Kosten
```

Bild 3.3

```
WERT:  SUMME(Z(-7)S:Z(-2)S)

Formel eingeben
Z14S3    SUMME(Z(-7)S:Z(-2)S)         89% frei      Multiplan:
```

!! Bitte denken Sie an die Datensicherung !!

(Übertragen Speichern Dateiname)

3.1.3 Das Multiplan-Lernziel:
Formelkopie

Aufgabe:
In der Zeile Summe Kosten müssen die einzelnen Monate jeweils addiert
werden. Deshalb können Sie die Summmenformel bis in den Dezember hinein
kopieren. Es ist nicht erforderlich, die Formeleingabe für jeden Monat einzeln
vorzunehmen.

Ausführung:
1. Positionieren Sie den Cursor auf Feld Z14S3.
2. Wählen Sie den Befehl **KOPIE RECHTS** aus.
3. Geben Sie bei **Anzahl Kopie:** *10* ein, und bestätigen Sie den Befehl mit
   der **RETURN**-Taste.

Wie Sie sehen, ist die Addition für *März* bis *Mai* direkt durchgeführt worden, die Formel wird aber bis zum *Dezember* hin festgehalten. Sobald jetzt
Eintragungen in den Bereich *Juni* bis *Dezember* vorgenommen werden, wird
auch in diesen Spalten die Formelberechnung durchgeführt.

Wenn Sie alle Eingaben richtig vorgenommen haben, sollte der Ausdruck Ihres Bildschirms wie folgt aussehen:

```
-1              1         2    3    4    5    6    7    8    9   10   11
  1 überprüfung des Etats
  2 =====================
  3
  4
  5                     Jan  Feb  März April Mai Juni Juli Aug  Sept Okt
  6                     ==================================================
  7 Löhne/Gehälter      144  144  146  150  150
  8 Pers. Nebenkosten    50   48   46   48   48
  9 Betriebsmittel       16   18   18   14   16
 10 Dienstleistungen     42   40   42   40   34
 11 Abschreibungen       30   30   32   34   34
 12 Sonstige Kosten       2    0    1    2    1
 13
 14 Summe Kosten        284  280  285  288  283    0    0    0    0    0
 15
 16 Gutschrift
 17
 18 Summe Netto Kosten

KOPIE RECHTS Anzahl Kopien: 10          Beginn bei: Z1453

Zahl eingeben
Z1453     SUMME(Z(-7)S:Z(-2)S)          89% frei        Multiplan:
```

Bild 3.4

!! Bitte denken Sie an die Datensicherung !!

(Übertragen Speichern Dateiname)

3.1.4 Das MULTIPLAN-Lernziel:
Eingabe und Kopieren der Formeln

Aufgabe:
Es soll eine Subtraktion durchgeführt werden, deren Formel nach rechts
kopiert wird.

Ausführung:
1. Geben Sie die gewährten *Gutschriften* in Spalten 2 bis 6 ein. Die Zahlenwerte können Sie dem Bildschirmausdruck entnehmen.
2. Positionieren Sie den Cursor auf Feld Z18S2.
3. Gehen Sie in den Befehl **Wert**.
4. Fahren Sie mit dem Cursor auf die Zahl *284*, geben Sie das *Minuszeichen*
   (oder den Bindestrich) ein, fahren Sie mit dem Cursor auf die Zahl *70*,
   und bestätigen Sie die Eingabe mit der **RETURN**-Taste.
5. Kopieren Sie diese Formel ebenfalls bis in die Spalte 13.
6. Wählen Sie den **KOPIE RECHTS** Befehl aus.
7. Geben Sie bei **Anzahl Kopien** eine *11* ein, und drücken Sie die **RETURN**-
   Taste.

Diese Formel mußte auch bis in den *Dezember* hinein kopiert werden, da
man davon ausgehen kann, daß im Laufe des Jahres weitere *Gutschriften*
gewährt werden.

Wenn Sie alle Eingaben richtig vorgenommen haben, sieht Ihr Bildschirm wie folgt aus:

```
-1            1         2   3   4   5   6   7   8   9  10  11
  1 Überprüfung des Etats
  2 ======================
  3
  4
  5                      Jan Feb März April Mai Juni Juli Aug  Sept Okt
  6                      ======================================================
  7 Löhne/Gehälter       144 144 146 150 150
  8 Pers. Nebenkosten     50  48  46  48  48
  9 Betriebsmittel        16  18  18  14  16
 10 Dienstleistungen      42  40  42  40  34
 11 Abschreibungen        30  30  32  34  34
 12 Sonstige Kosten        2   0   1   2   0
 13
 14 Summe Kosten         284 280 285 288 282   0   0   0   0   0
 15
 16 Gutschrift            70  68  68  72  70
 17
 18 Summe Netto Kosten   214 212 217 216 212   0   0   0   0   0

KOPIE RECHTS Anzahl Kopien: 11        Beginn bei: Z1256

Zahl eingeben
Z1856     Z(-4)5-Z(-2)5                 94% frei      Multiplan:
```

Bild 3.5

3.1.5 Eine Zwischeninformation

Nachdem die Summenformel und die Formel zur Berechnung der Netto-
kosten bis in Spalte 13 kopiert worden sind, müssen die Spalten 14 bis 16
noch errechnet werden.
In Spalte 14 werden die jeweiligen Quersummen der Kostenstellen errechnet.
Die Eingaben sind bisher nur bis zum Monat Mai erfolgt. Die Summenformel
gilt aber für den ganzen Bereich, bis in den Dezember. Sobald also im Monat
Juni ein Wert eingegeben wird, wird dieser zur Quersumme hinzuaddiert.
In Spalte 15 werden die jeweiligen Durchschnittswerte der einzelnen Kostenstellen ermittelt. Diese Durchschnittswerte werden später in das zweite Arbeitsblatt kopiert, um eine Hochrechnung der Kosten über das ganze Jahr
durchzuführen.
In Zeile 7 Spalte 16 wird die Anzahl der Monate gezählt, in denen Eintragungen vorgenommen worden sind. Durch die Funktion ANZAHL( ) wird jedes
Feld in einem vorher angegebenen Bereich auf eine Eintragung hin überprüft
und gezählt. Auch Felder mit der Eintragung 0 würden mitgezählt.
Die Funktion ANZAHL( ) braucht in diesem Fall nur einmal eingegeben zu
werden, weil man davon ausgehen kann, daß in jedem Monat Löhne oder
Gehälter gezahlt werden und somit auch in jedem Monat eine Eintragung in
der Zeile 7 erfolgt.
Die Felder Z14S15 und Z18S15 müssen durch die Anzahl der Monate dividiert werden, weil eine Berechnung mit der Funktion MITTELW( ) nicht
durchgeführt werden kann.
MITTELW( ) bedeutet, daß das Programm automatisch die Summe aus dem
angegebenen Bereich bildet, und durch die Anzahl der Felder teilt, in die
Eintragungen vorgenommen worden sind. Diese Funktion ist also eine Verbindung der Funktionen SUMME( ) und ANZAHL( ).
Da aber in den Feldern Z14S7:13 Nullen eingetragen sind, werden diese
Felder auch mitgezählt. Das Ergebnis in Feldern Z14S14 und Z18S14
würde also verfälscht, da die Summe durch 12 und nicht durch 5 geteilt wird.

       Texteingabe und die Funktion **SUMME(Liste)**

Aufgabe:
Die Breite mehrerer Spalten soll durch eine Bereichsangabe verändert werden. Dann soll diesmal eine Zeile mit Hilfe der Funktion **Summe(Liste)**
addiert werden.

Ausführung:
  1. Geben Sie die Texte in Z4:5S14:16 ein.
  2. Positionieren Sie den Cursor auf Feld Z5S14.
  3. Wählen Sie den Befehl **FORMAT BREITE DER SPALTEN** an, geben Sie
     bei **Standard** die Zahl *6* ein, springen Sie mit der **Tabulator**-Taste auf den
     Unterbefehl **bis**, und geben Sie dort die Zahl *16* ein.
  4. Bestätigen Sie die Eingabe mit der **RETURN**-Taste.
  5. Positionieren Sie den Cursor auf Feld Z6S14.
  6. Geben Sie über den Befehl **Text** *sechsmal* das *Gleichheitszeichen* ein.
  7. Kopieren Sie die Unterstreichung um zwei Spalten nach rechts.
  8. Positionieren Sie den Cursor auf Feld Z7S14, wählen Sie den Befehl
     Wert an, schreiben Sie das Wort *Summe*, geben Sie eine *Klammer* ein,
     und bewegen Sie den Cursor um 12 Spalten nach links auf die Zahl *144*
     im Monat *Januar*. Geben Sie einen *Doppelpunkt* ein, und bewegen Sie
     den Cursor um eine Spalte nach links auf den Monat *Dezember,* und
     machen Sie die *Klammer* zu.
  9. Bestätigen Sie die Eingabe mit der **RETURN**-Taste.
 10. Kopieren Sie die Formel um fünf Zeilen nach unten.
 11. Wählen Sie dazu den Befehl **KOPIE NACH** aus, und geben Sie dort die
     Zahl *5* ein.
 12. Bestätigen Sie die Eingabe mit der **RETURN**-Taste.

Wenn Sie alle Eingaben richtig vorgenommen haben, sollte der Ausdruck Ihres Bildschirms wie folgt aussehen:

```
 -1    2     3     4     5     6     7     8     9    10    11    12    13    14    15
  1
  2
  3
  4
  5  Jan   Feb   März  April Mai   Juni  Juli  Aug   Sept  Okt   Nov   Dez   Sum   Durch
  6  ================================================================================
  7  144   144   146   150   150                                             734
  8   50    48    46    48    48                                             240
  9   16    18    18    14    16                                              82
 10   42    40    42    40    34                                             198
 11   30    30    32    34    34                                             160
 12    2     0     1     2     0                                               5
 13
 14  284   280   285   288   282     0     0     0     0     0     0     0
 15
 16   70    68    68    72    70
 17
 18  214   212   217   216   212     0     0     0     0     0     0     0
```

BEFEHL: Text Ausschnitt Bewegen Druck Einfügen Format Gehezu Hilfe Kopie Löschen
        Name Ordnen Quit Radieren Schutz Übertragen Verändern Wert Xtern Zusätze
Einen Befehl auswählen oder Anfangsbuchstaben eingeben
Z7S14   Z5(-12)+Z5(-11)+Z5(-10)+Z5(-   93% frei   Multiplan:

Bild 3.6

Haben Sie Ihr angelegtes Datenblatt schon gesichert?
Wenn nicht, dann holen Sie es bitte jetzt nach.

3.1.7 Das Multiplan-Lernziel:
Kopieren und Schützen der Formeln

Aufgabe:
Der Befehl **KOPIE VON** wird angewandt, wenn ein oder mehrere Felder von der Kopie ausgenommen werden sollen.

Ausführung:
1. Positionieren Sie den Cursor auf Feld Z14S14.
2. Wählen Sie den Befehl **KOPIE VON**, fahren Sie mit dem Cursor auf die Zahl *5* in Feld Z12S14, und bestätigen Sie mit der **RETURN**-Taste.
3. Positionieren Sie den Cursor auf Feld Z16S14.
4. Wählen Sie den Befehl **KOPIE VON** aus, und fahren Sie mit dem Cursor auf die Zahl *1419*. Bestätigen Sie die Eingabe mit der **RETURN**-Taste.
5. Positionieren Sie den Cursor auf Feld Z18S14.
6. Wählen Sie den Befehl **KOPIE VON**, und fahren Sie mit dem Cursor auf die Zahl *348*. Bestätigen Sie die Eingabe mit der **RETURN**-Taste.
7. Positionieren Sie den Cursor auf Feld Z7S14, wählen Sie den Befehl **SCHUTZ Felder** aus, geben Sie in der Bereichsangabe einen *Doppelpunkt* ein, fahren Sie mit dem Cursor bis in die Zeile 18 nach unten.
8. Springen Sie mit der **Tabulator**-Taste in den Unterbefehl **Status**, und geben Sie dort mit Hilfe der **Leertaste Geschützt** an. Bestätigen Sie die Eingaben mit der **RETURN**-Taste.
9. Positionieren Sie den Cursor auf Feld Z14S2.
10. Wählen Sie den Befehl **SCHUTZ Felder** an.
11. Geben Sie in der Bereichsangabe einen *Doppelpunkt* ein, fahren Sie mit dem Cursor bis auf Feld Z14S13 nach rechts.
12. Geben Sie im Unterbefehl **Status: Geschützt** an, und bestätigen Sie die Eingabe mit der **RETURN**-Taste.
13. Positionieren Sie den Cursor auf Feld Z18S2, und schützen Sie die Zeile 18 ebenfalls bis in Spalte 13.

Wenn Sie alle Eingaben richtig vorgenommen haben, sollte der Ausdruck
Ihres Bildschirms wie folgt aussehen:

```
    1   2     3     4     5     6    7    8    9   10   11   12   13   14    15
 1
 2
 3
 4
 5  Jan  Feb   März  April Mai  Juni Juli Aug  Sept Okt  Nov  Dez  Sum  Durch
 6  ===============================================================================
 7  144  144   146   150   150                                           734
 8   50   48    46    48    48                                           240
 9   16   18    18    14    16                                            82
10   42   40    42    40    34                                           198
11   30   30    32    34    34                                           160
12    2    0     1     2     0                                             5
13
14  284  280   285   288   282    0    0    0    0    0    0    0 1419
15
16   70   68    68    72    70                                           348
17
18  214  212   217   216   212    0    0    0    0    0    0    0 1071

BEFEHL: Text Ausschnitt Bewegen Druck Einfügen Format Gehezu Hilfe Kopie Löschen
        Name Ordnen Quit Radieren Schutz Übertragen Verändern Wert Xtern Zusätze
Einen Befehl auswählen oder Anfangsbuchstaben eingeben
Z7S14     SUMME(ZS(-12):ZS(-1))        93% frei       Multiplan:
```

Bild 3.7

!! Bitte denken Sie an die Datensicherung !!

(**Übertragen Speichern** Dateiname)

3.1.8 Das Multiplan-Lernziel:
Funktion **MITTELW(Liste)** und Formelschutz

Aufgabe:
In diesem Abschnitt kommt eine neue Funktion zur Anwendung, und zwar die Funktion **MITTELW(Liste)** zur Berechnung des Durchschnitts.

Ausführung:
1. Positionieren Sie den Cursor auf Feld Z7S15.
2. Wählen Sie den Befehl **Wert** an, und schreiben Sie das Wort *MITTELW*. Machen Sie die *Klammer auf*, und fahren Sie mit dem Cursor nach links bis in Feld Z7S2.
3. Geben Sie einen *Doppelpunkt* ein, fahren Sie mit dem Cursor auf das Feld Z7S13 und machen Sie die *Klammer zu*.
4. Bestätigen Sie die Eingabe mit der **RETURN**-Taste.
5. Wählen Sie den Befehl **KOPIE NACH UNTEN**.
6. Geben Sie bei **Anzahl der Kopien:** *5* ein, und bestätigen Sie den Befehl mit der **RETURN**-Taste.
7. Positionieren Sie den Cursor auf Feld Z16S15.
8. Wählen Sie den Befehl **KOPIE VON** an, und fahren Sie mit dem Cursor nach oben auf die Zahl *1* in Feld Z12S15. Bestätigen Sie die Eingabe mit der **RETURN**-Taste.
9. Denken Sie daran, die Formeln zu schützen.

3.1.9 Anmerkung zur Funktion MITTELW(Liste)

Mit der Funktion **MITTELW(Liste)** berechnen Sie den Durchschnitt aus einer Zahlenkolonne. Durch die abgesteckte Bereichsangabe wird automatisch festgestellt, in welchen Feldern sich Eintragungen befinden (d.h. durch welche Zahl die Summe der Zahlenkolonne dividiert werden soll).
Da sich in Zeilen 14 und 18 Nullen als Eintragung befinden, würde das System die Summe der Zahlenkolonne durch 12 teilen, da in 12 Feldern Eintragungen vorliegen. Deshalb kann die Funktion **MITTELW(Liste)** in den Zeilen 14 und 18 nicht angewandt werden.

Wenn Sie alle Eingaben richtig vorgenommen haben, sollte der Ausdruck
Ihres Bildschirms wie folgt aussehen:

```
 -1    2    3    4    5    6    7    8    9   10   11   12   13   14   15
  1
  2
  3
  4
  5 Jan  Feb  März April Mai  Juni Juli Aug  Sept Okt  Nov  Dez  Sum  Durch
  6 ================================================================
  7 144  144  146  150  150                                      734  147
  8  50   48   46   48   48                                      240   48
  9  16   18   18   14   16                                       82 16,4
 10  42   40   42   40   34                                      198 39,6
 11  30   30   32   34   34                                      160   32
 12   2    0    1    2    0                                        5    1
 13
 14 284  280  285  288  282    0    0    0    0    0    0    0 1419
 15
 16  70   68   68   72   70                                      348 69,6
 17
 18 214  212  217  216  212    0    0    0    0    0    0    0 1071

BEFEHL: Text Ausschnitt Bewegen Druck Einfügen Format Gehezu Hilfe Kopie Löschen
        Name Ordnen Quit Radieren Schutz Übertragen Verändern Wert Xtern Zusätze
Einen Befehl auswählen oder Anfangsbuchstaben eingeben
Z18S15                             93% frei        Multiplan:
```

Bild 3.8

!! Bitte denken Sie an die Datensicherung !!

(Übertragen Speichern Dateiname)

3.1.10 Das Multiplan-Lernziel:
Funktion **ANZAHL(Liste)** und das Formatieren von Zahlenwerten

Aufgabe:
In diesem Abschnitt kommt eine neue Funktion zum Einsatz. Die Funktion
ANZAHL(Liste) zählt diejenigen Felder, in die Eintragungen vorgenommen
worden sind.

Ausführung:
1. Positionieren Sie den Cursor auf Feld Z7S16.
2. Wählen Sie den Befehl **Wert** aus.
3. Schreiben Sie das Wort *Anzahl*, geben Sie eine *Klammer* ein, und fahren
   Sie mit dem Cursor nach links auf Feld Z7S2.
4. Geben Sie einen *Doppelpunkt* ein, fahren Sie mit dem Cursor auf das
   Feld Z7S13, machen Sie die *Klammer zu* und bestätigen sie die Eingabe
   mit der **RETURN**-Taste.

Mit der Funktion Anzahl haben Sie festgelegt, daß in Zeile 7 die Anzahl der
Eintragungen in Spalten 2 bis 13 gezählt werden.

5. Positionieren Sie den Cursor auf Feld Z14S15.
6. Geben Sie den Befehl **Wert** ein, fahren Sie mit dem Cursor auf die Zahl
   1419, geben Sie das *Divisionszeichen* ein, und fahren Sie mit dem Cursor
   auf die *5* in Feld Z7S16.
7. Bestätigen Sie die Eingabe mit der **RETURN**-Taste.
8. Positionieren Sie den Cursor auf Feld Z18S15, und dividieren Sie das
   Feld mit der Eintragung *1071* durch das Feld mit der Eintragung *5*.

Wenn Sie jetzt in der Zeile 7 Eintragungen vornehmen, verändert sich automatisch die Anzahl der Monate und somit auch der Divisor für Feld Z14S15
und Feld Z18S15.

Wenn Sie alle Eingaben richtig vorgenommen haben, wird der Bildschirm so aussehen:

```
 -1   3    4     5     6    7    8    9    10   11   12   13   14   15   16

  1
  2
  3
  4                                                             Anzahl
  5 Feb  März April Mai Juni Juli Aug Sept Okt  Nov  Dez  Sum  Durch Monat
  6 =====================================================================
  7 144  146  150   150                                   734  147     5
  8  48   46   48    48                                   240   48
  9  18   18   14    16                                    82 16,4
 10  40   42   40    34                                   198 39,6
 11  30   32   34    34                                   160   32
 12   0    1    2     0                                     5    1
 13
 14 280  285  288   282    0    0    0    0    0    0    0 1419  284
 15
 16  68   68   72    70                                   348 69,6
 17
 18 212  217  216   212    0    0    0    0    0    0    0 1071  214
```

```
BEFEHL: Text Ausschnitt Bewegen Druck Einfügen Format Gehezu Hilfe Kopie Löschen
        Name Ordnen Quit Radieren Schutz Übertragen Verändern Wert Xtern Zusätze
Einen Befehl auswählen oder Anfangsbuchstaben eingeben
Z7S16     ANZAHL(Z5(-14):Z5(-3))          92% frei       Multiplan:
```

Bild 3.9

!! Bitte denken Sie an die Datensicherung !!

(Übertragen Speichern Dateiname)

3.1.11 Das Multiplan-Lernziel:
Vergeben von Namen

Aufgabe:

Um später die **Xtern Kopie** durchführen zu können, müssen in diesem Arbeitsblatt **Namen** vergeben werden.

Da wir für unser nächstes Arbeitsblatt einmal die Texte aus Spalte 1 benötigen und zum anderen die Durchschnittswerte aus Spalte 15, müssen diese beiden Bereiche jeweils mit Namen versehen werden.

Ausführung:

1. Positionieren Sie den Cursor auf Feld Z7S1.

2. Wählen Sie den Befehl **Name** an, und überschreiben Sie den vorhandenen Eintrag mit dem Wort *text*.

3. Springen Sie mit der **Tabulator**-Taste in die Bereichsangabe, geben Sie einen *Doppelpunkt* ein, fahren Sie mit dem Cursor bis in Z18S1, und bestätigen Sie die Eingabe mit der **RETURN**-Taste.

4. Positionieren Sie den Cursor auf Feld Z7S15.

5. Wählen Sie den Befehl **Name** an, und geben Sie das Wort *durchschnitt* ein.

6. Da Sie bei der ersten Namensvergabe die Bereichsangabe verändert haben, stimmt die Bereichsangabe für diesen Namen noch. Bestätigen Sie also die Eingabe mit der **RETURN**-Taste.

Vergebene Namen werden nicht automatisch auf dem Bildschirm angezeigt, Sie können die vergebenen Namen aber durchaus einsehen.

7. Wählen Sie den Befehl **Name** an, und betätigen Sie eine der Cursorsteuertasten. Durch weiteres Betätigen der Cursorsteuertasten können Sie sich im einzelnen die angelegten Namen ansehen.

Die Bildschirmanzeige hat sich durch die Namensvergabe nicht verändert:
Name: text

```
-1             1      2   3   4   5   6   7   8   9   10  11
 1 überprüfung des Etats
 2 ========================
 3
 4
 5                     Jan Feb März April Mai Juni Juli Aug Sept Okt
 6                     =================================================
 7 Löhne/Gehälter      144 144 146 150 150
 8 Pers. Nebenkosten    50  48  46  48  48
 9 Betriebsmittel       16  18  18  14  16
10 Dienstleistungen     42  40  42  40  34
11 Abschreibungen       30  30  32  34  34
12 Sonstige Kosten       2   0   1   2   0
13
14 Summe Kosten        284 280 285 288 282   0   0   0   0   0
15
16 Gutschrift           70  68  68  72  70
17
18 Summe Netto Kosten  214 212 217 216 212   0   0   0   0   0
```
Bild 3.10

```
NAME: Namen eingeben: text           Bereichsangabe: Z7:18S1

Position eines Feldes oder Tabellenbereichs eingeben
Z7S1     "Löhne/Gehälter"            92% frei     Multiplan:
```

Name: durchschnitt

```
-1   3   4   5   6   7   8   9   10  11  12  13  14  15   16
 1
 2
 3
 4                                                           Anzahl
 5 Feb März April Mai Juni Juli Aug Sept Okt Nov Dez Sum Durch Monat
 6 ================================================================
 7 144 146 150 150                              734 147      5
 8  48  46  48  48                              240  48
 9  18  18  14  16                               82 16,4
10  40  42  40  34                              198 39,6
11  30  32  34  34                              160  32
12   0   1   2   0                                5   1
13
14 280 285 288 282   0   0   0   0   0   0   0 1419 284
15
16  68  68  72  70                              348 69,6
17
18 212 217 216 212   0   0   0   0   0   0   0 1071 214
```
Bild 3.11

```
NAME: Namen eingeben: durchschnitt  Bereichsangabe: Z7:1851S

Position eines Feldes oder Tabellenbereichs eingeben
Z7S16    ANZAHL(ZS(-14):ZS(-3))      92% frei     Multiplan:
```

!! Bitte denken Sie an die Datensicherung !!

(Übertragen Speichern Dateiname)

3.1.12 Was Sie bisher erreicht haben!

Das erste Arbeitsblatt, auf dem die laufenden Kosten pro Monat eingetragen werden, ist nun fertiggestellt.
Sie haben für die durchschnittlich entstandenen Kosten, die sich in Spalte 15 errechnen, einen Namen: vergeben. Diese Werte werden im nächsten Arbeitsblatt zur Hochrechnung der Kosten über das ganze Jahr benötigt.

3.2

Sie werden nun das zweite Arbeitsblatt, das zur Berechnung der Etatkontrolle notwendig, ist erstellen.
Da die Texte in Spalte 1 die gleichen wie im ersten Arbeitsblatt sind, müssen sie nicht noch einmal geschrieben werden, sondern können durch den Einsatz des Befehls Xtern Kopie aus dem ersten Arbeitsblatt in das zweite kopiert werden.
Auf diesem Arbeitsblatt wird der Etat, der bis zum Jahresende zur Verfügung steht eingetragen; das geschieht in Spalte 2.
Dann werden die Durschnittswerte der Kosten aus dem ersten Arbeitsblatt in die Spalte 6 kopiert.
Diese Durchschnittswerte werden dann in der Spalte 3 mit 12 (für die 12 Monate des Jahres) multipliziert, um festzustellen, wie sich die Kosten bis. zum Jahresende entwickeln werden.
In der Spalte 4 werden dann die hochgerechneten Werte mit dem tatsächlich zur Verfügung stehenden Etat verglichen, um feststellen zu können, wo sich Abweichungen in der Kostenplanung ergeben.
Diese entstehenden Differenzen werden dann in der Spalte 4 als Prozentwert dargestellt, um Ihnen die Übersicht zu erleichtern.

3.2.1 Das Multiplan-Lernziel:
Eingabe von Texten, Kopieren nach rechts

Aufgabe:
Das zweite Arbeitsblatt mit dem Namen: *Etatb* wird angelegt.

Ausführung:
1. Wählen Sie die Befehlsfolge **ÜBERTRAGEN BILDSCHIRMLÖSCHEN Ja** aus.
2. Positionieren Sie den Cursor auf Feld Z4S2 und geben Sie den **Text:** *Hochrechnung der Kosten über das ganze Jahr* ein.
3. Formatieren Sie den Text mit dem Befehl **FORMAT FELDER Format- code: Zusamm.** Vergessen Sie die **Bereichsangabe:** *Z4S2:6* nicht.
4. Positionieren Sie den Cursor auf Feld Z7S2, und geben Sie anhand der Bildschirmanzeige die entsprechenden Texte ein. Formatieren Sie diesen Text auch mit dem **Formatcode: Zusamm.**
5. Geben Sie die Unterstreichung in Zeile 9 ein, und kopieren Sie die Unter- streichung bis in Spalte 6.

Wenn Sie alle Eingaben richtig vorgenommen haben, hat der Bildschirm
folgendes Aussehen:

```
 -1        1         2         3         4         5         6         7
  4            Hochrechnung der Kosten über das ganze Jahr
  5
  6
  7            Jahres-    Angenommene Werte z. Jahresende
  8            Etat       Total       Diff.       Diff.in %
  9            ================================================================
 10
 11
 12
 13
 14
 15
 16
 17
 18
 19
 20
 21

BEFEHL: Text Ausschnitt Bewegen Druck Einfügen Format Gehezu Hilfe Kopie Löschen
        Name Ordnen Quit Radieren Schutz Übertragen Verändern Wert Xtern Zusätze
Einen Befehl auswählen oder Anfangsbuchstaben eingeben
Z7S2      "Jahres-"                      92% frei        Multiplan:
```

Bild 3.12

!! Bitte denken Sie an die Datensicherung !!

(**Übertragen Speichern** Dateiname)
Vergeben Sie den Dateinamen *Etatb*

3.2.2 Das Multiplan-Lernziel:
Einfügen von Spalten und Xtern Kopie

Aufgabe:
Es soll eine neue Spalte eingefügt werden, in die mit Hilfe des Befehls **Xtern Kopie**, ein Text aus dem Arbeitsblatt Etat in die Arbeitsblattspalte von Etatb kopiert wird.

Ausführung:
1. Positionieren Sie den Cursor auf Feld Z10S1.
2. Wählen Sie den Befehl **Einfügen** aus, und betätigen Sie die Taste **S** für den Unterbefehl **Spalte.**
3. Bestätigen Sie die Eintragungen mit der **RETURN**-Taste.

Mit dieser Befehlsfolge können Sie an beliebiger Stelle Ihres Arbeitsblattes entweder Zeilen oder Spalten einfügen, um eventuell vergessene Eintragungen nachzuholen.
Da wir in der Spalte 1 die gleichen Texte benötigen wie auf unserem ersten Arbeitsblatt, holen wir diese durch den Befehl **Xtern Kopie** in das aktuelle Arbeitsblatt.

4. Wählen Sie den Befehl **XTERN KOPIE** aus.
5. Geben Sie für den Parameter **von Tabelle** den Dateinamen des alten Arbeitsblattes (z.B. *ETAT*) ein.
6. Springen Sie mit der **Tabulator**-Taste in den Unterbefehl **Bereichsname:** und geben Sie dort den vergebenen Namen *text* ein.
7. Die vorgeschlagene Bereichsangabe **nach:** kann übernommen werden.
8. Beim Unterbefehl **verbunden:** wählen Sie **Nein** aus.
9. Bestätigen Sie die Eintragung mit der **RETURN**-Taste.
10. Ändern Sie die **Breite der Spalte** auf 22 Zeichen. (**FORMAT BREITE DER SPALTEN Standard:** 22).

Der Bildschirm ist:

```
 -1            1           2          3          4          5          6
  4                   Hochrechnung der Kosten über das ganze Jahr
  5
  6
  7                   Jahres-   Angenommene Werte z. Jahresende
  8                   Etat      Total       Diff.      Diff.in %
  9                   =================================================
 10 Löhne/Gehälter
 11 Pers.Nebenkosten
 12 Betriebsmittel
 13 Dienstleistungen
 14 Abschreibungen
 15 Sonstige Kosten
 16
 17 Summe Kosten
 18
 19 Gutschriften
 20
 21 Summe Netto Kosten
```

BEFEHL: Text Ausschnitt Bewegen Druck Einfügen Format Gehezu Hilfe Kopie Löschen
        Name Ordnen Quit Radieren Schutz Übertragen Verändern Wert Xtern Zusätze
Einen Befehl auswählen oder Anfangsbuchstaben eingeben
Z652   92% frei   Multiplan:

Bild 3.13

!! **Bitte denken Sie an die Datensicherung** !!

(**Übertragen Speichern** Dateiname)

3.2.3 Das Multiplan-Lernziel:
Zahlenwerteingabe, Funktion **SUMME(Liste)**

Aufgabe:
Die Funktion **SUMME(Liste)** soll für eine Addition angewandt werden.
Außerdem wird eine Subtraktion durchgeführt.

Ausführung:
1. Geben Sie die Zahlenwerte des Beispielabdrucks in Z10:15S2 ein.
2. Positionieren Sie den Cursor auf das Feld Z17S2.
3. Wählen Sie den Befehl **Wert** an, und geben Sie die folgende Formel ein:

   SUMME (Z (−7)S: Z (−2)S).

4. Bestätigen Sie die Formeleingabe mit der **RETURN**-Taste.
5. Geben Sie in Feld Z19S2 den Wert *835* ein.
6. Positionieren Sie den Cursor auf das Feld Z21S2.
7. Subtrahieren Sie mit Hilfe des Befehls **Wert** die Felder Z17S2 und Z19S2 voneinander.
8. Überprüfen Sie Ihre Zahlenwerte anhand des nachfolgenden Bildschirmausdrucks.

Wenn Sie alle Eingaben richtig vorgenommen haben, sollte Ihr Bildschirm
wie folgt aussehen:

```
 -1             1            2          3          4          5          6
  4                   Hochrechnung der Kosten über das ganze Jahr
  5
  6
  7                   Jahres-   Angenommene Werte z. Jahresende
  8                   Etat      Total       Diff.      Diff.in %
  9                   ======================================================
 10 Löhne/Gehälter     1700
 11 Pers.Nebenkosten    578
 12 Betriebsmittel      201
 13 Dienstleistungen    500
 14 Abschreibungen      379
 15 Sonstige Kosten      13
 16
 17 Summe Kosten       3371
 18
 19 Gutschriften        835
 20
 21 Summe Netto Kosten 2536
```

```
BEFEHL: Text Ausschnitt Bewegen Druck Einfügen Format Gehezu Hilfe Kopie Löschen
        Name Ordnen Quit Radieren Schutz Übertragen Verändern Wert Xtern Zusätze
Einen Befehl auswählen oder Anfangsbuchstaben eingeben
Z21S2   Z(-4)S-Z(-2)S                    92% frei       Multiplan:
```

Bild 3.14

3.2.4 Das Multiplan-Lernziel:
Textformatierung und **Xtern Kopie**

Aufgabe:
Es soll der Befehl **Xtern Kopie** durchgeführt werden, um die errechneten Durchschnittswerte aus dem Arbeitsblatt Etat zu erhalten.

Ausführung:
1. Geben Sie den Text wie im Bildschirmausdruck in Z7:8S6:7 ein.
2. Positionieren Sie den Cursor auf Feld Z10S6.
3. Wählen den Befehl **XTERN KOPIE** aus.
4. Geben Sie für den Parameter **von Tabelle:** den Dateinamen des vorherigen Arbeitsblattes (z. B. *etat*) ein.
5. Geben Sie bei **Bereichsname:** den vergebenen Namen *durchschnitt* ein, die Bereichsangabe **nach:** kann bestehen bleiben, der Unterbefehl **verbunden:** muß auf **Ja** stehen.

Verbunden: Ja bedeutet, daß der Bereich, der in dieses Arbeitsblatt kopiert werden soll, bei jeder **Xtern Kopie** aktualisiert wird. Das heißt, jedesmal, wenn in dem vorherigen Arbeitsblatt eine Änderung vorgenommen wird, wird sie in dieses Arbeitsblatt übertragen.

6. Bestätigen Sie die Eingaben mit der **RETURN**-Taste.

Ihr Bildschirm:

```
| -1      2          3          4          5          6          7          8      |
|  4 Hochrechnung der Kosten über das ganze Jahr                                    |
|  5                                                                                |
|  6                                                                                |
|  7 Jahres-  Angenommene Werte z. Jahresende  Monatsdurchschnitt                   |
|  8  Etat       Total    Diff.     Diff.in % aus ETAT                              |
|  9 ============================================================                   |
| 10   1700                                    146,8                                |
| 11    578                                     48                                  |
| 12    201                                     16,4                                |
| 13    500                                     39,6                                |
| 14    379                                     32                                  |
| 15     13                                      1                                  |
| 16                                                                                |
| 17   3371                                    283,8                                |
| 18                                                                                |
| 19    835                                     69,6                                |
| 20                                                                                |
| 21   2536                                    214,2                                |
BEFEHL: Text Ausschnitt Bewegen Druck Einfügen Format Gehezu Hilfe Kopie Löschen
        Name Ordnen Quit Radieren Schutz Übertragen Verändern Wert Xtern Zusätze
Einen Befehl auswählen oder Anfangsbuchstaben eingeben
Z20S6                              89% frei      Multiplan:
```

Bild 3.15

!! Bitte denken Sie an die Datensicherung !!

(Übertragen Speichern Dateiname)

3.2.5 Was Sie bisher erreicht haben!

Sie haben die Werte für den zur Verfügung stehenden Jahresgesamtetat eingetragen. Dann haben Sie zwei externe Kopien durchgeführt. Die eine ist, für die kopierten Texte, unverbunden durchgeführt worden, da der Text nur einmal benötigt wird und sich nicht verändert. Die andere externe Kopie wurde durchgeführt, um die Durchschnittswerte aus dem ersten Arbeitsblatt zu kopieren. Diese Kopie mußte verbunden durchgeführt werden, da sich die Werte im ersten Arbeitsblatt ständig verändern werden, und diese Änderungen natürlich in das zweite Arbeitsblatt übernommen werden müssen.

3.3

Sie haben die durchschnittlichen Werte für die monatlichen Kosten aus dem ersten Arbeitsblatt kopiert und können nun damit eine Berechnung anstellen.
Es soll mit Hilfe der monatlichen Durchschnittswerte festgestellt werden, wie sich die Kostensituation entwickelt. Sie multiplizieren also die einzelnen monatlichen Durchschnittswerte mit 12 und erhalten somit eine Hochrechnung über das ganze Jahr.

3.3.1 Das Multiplan-Lernziel:
Formatieren von Zahlenwerten, Vergabe von Namen, Eingabe einer
Formel zur Multiplikation, Kopieren von Formeln

Aufgabe:
Ein Bereichsname wird vergeben, mit dem eine Multiplikation durchgeführt
wird. Die Formel dieser Multiplikation wird kopiert.

Ausführung:
1. Positionieren Sie den Cursor auf Feld Z10S6.
2. Wählen Sie den Befehl **FORMAT FELDER** aus.
3. Geben Sie in der Bereichsangabe *Z10:21S6* an, und springen Sie mit der
   Tabulator-Taste auf den **Formatcode Ganz.** Bestätigen Sie die Eingabe
   mit der **RETURN**-Taste.
4. Vergeben Sie für den gleichen Bereich: *Z10:21S6* den Namen *mittel.*
5. Wählen Sie den Befehl **Name** an, schreiben Sie das Wort *mittel,* springen
   Sie in die **Bereichsangabe,** geben Sie einen *Doppelpunkt* ein, und fahren
   Sie mit dem Cursor bis in Zeile 21. Bestätigen Sie die Eingabe mit der
   RETURN-Taste.
6. Positionieren Sie den Cursor auf Feld Z10S3, und geben Sie mit Hilfe des
   Befehls **Wert** die Formel **12 * mittel** ein.

Indem Sie den errechneten Monatsdurchschnitt mit 12 multiplizieren,
ermitteln Sie rechnerisch den durchschnittlichen Wert für das ganze Jahr.

7. Kopieren Sie die Formel bis in Zeile 21 nach unten.
8. Wählen Sie den Befehl **KOPIE NACH UNTEN Anzahl der Kopien** aus,
   und geben Sie die Zahl *11* ein. Bestätigen Sie die Eingabe mit der **RE-
   TURN**-Taste.

Die überflüssigen Felder in Zeilen 16, 18 und 20 können Sie mit dem Befehl
Radieren entfernen.

9. Positionieren Sie den Cursor auf Feld Z16S3, wählen Sie den Befehl
   Radieren, und drücken Sie die **RETURN**-Taste. Verfahren Sie mit den
   anderen beiden Feldern genauso.

Wenn Sie alle Eingaben richtig vorgenommen haben, sollte der Bildschirm
wie folgt aussehen:

Nach dem Kopieren:

```
  -1      2        3        4       5        6       7       8
   4 Hochrechnung der Kosten über das ganze Jahr
   5
   6
   7  Jahres-  Angenommene Werte z. Jahresende  Monatsdurchschnitt
   8  Etat      Total   Diff.     Diff.in % aus ETAT
   9 ===============================================================
  10    1700    1761,6                        147
  11     578     576                           48
  12     201     196,8                         16
  13     500     475,2                         40
  14     379     384                           32
  15      13      12                            1
  16                0
  17    3371    3405,6                        284
  18                0
  19     835     835,2                         70
  20                0
  21    2536    2570,4                        214
```

Bild 3.16

```
BEFEHL: Text Ausschnitt Bewegen Druck Einfügen Format Gehezu Hilfe Kopie Löschen
        Name Ordnen Quit Radieren Schutz übertragen Verändern Wert Xtern Zusätze
Einen Befehl auswählen oder Anfangsbuchstaben eingeben
Z20S6                           88% frei        Multiplan:
```

Nach dem Radieren:

```
  -1      2        3        4       5        6       7       8
   4 Hochrechnung der Kosten über das ganze Jahr
   5
   6
   7  Jahres-  Angenommene Werte z. Jahresende  Monatsdurchschnitt
   8  Etat      Total   Diff.     Diff.in % aus ETAT
   9 ===============================================================
  10    1700    1761,6                        147
  11     578     576                           48
  12     201     196,8                         16
  13     500     475,2                         40
  14     379     384                           32
  15      13      12                            1
  16
  17    3371    3405,6                        284
  18
  19     835     835,2                         70
  20
  21    2536    2570,4                        214
```

Bild 3.17

```
BEFEHL: Text Ausschnitt Bewegen Druck Einfügen Format Gehezu Hilfe Kopie Löschen
        Name Ordnen Quit Radieren Schutz übertragen Verändern Wert Xtern Zusätze
Einen Befehl auswählen oder Anfangsbuchstaben eingeben
Z21S3    12*Z5(+3)              88% frei        Multiplan:
```

3.3.2 Ein Zwischenergebnis

Nachdem Sie die Hochrechnung der Kosten für das ganze Jahr durchgeführt haben, muß ein Vergleich zwischen dem tatsächlich zur Verfügung stehenden Etat und den voraussichtlich zu erwartenden Kosten gezogen werden. Die Differenz wird ermittelt, indem Sie die zu erwartenden Gesamtkosten (= Angenommene Total) von den tatsächlich zur Verfügung stehenden Geldmitteln (= Jahresetat) abziehen. Zeigt die so ermittelte Differenz, in Spalte 4, Minuswerte an, wird der zur Verfügung stehende Etat überschritten. Zur besseren Übersicht werden die ermittelten Differenzen in der Spalte 5 als Prozentangaben dargestellt.

3.3.3 Das Multiplan-Lernziel:
Formelkopie und das Formatieren von Zahlenwerten

Aufgabe:
Es wird eine Subtraktion durchgeführt, deren Formelinhalt kopiert wird. Beim Kopieren werden leere Felder mit übertragen, die aber anschließend wieder radiert werden können.

Ausführung:
1. Positionieren Sie den Cursor auf Feld Z10S4.
2. Wählen Sie den Befehl **Wert** aus.
3. Fahren Sie mit dem Cursor auf die Zahl *1700*, drücken Sie das *Subtraktionszeichen*, und fahren Sie mit dem Cursor auf die Zahl *1761,6*. Bestätigen Sie die Eingabe mit der **RETURN**-Taste.
4. Kopieren Sie die Formel bis in Zeile 21 nach unten.
5. Benutzen Sie dazu den Befehl **KOPIE NACH UNTEN** Anzahl: *11*, und bestätigen Sie die Eingabe mit der **RETURN**-Taste.
6. **Radieren** Sie die überflüssigen Felder in Zeile 16, 18 und 20.
7. Positionieren Sie den Cursor auf Feld Z10S3.
8. Wählen Sie den Befehl **FORMAT FELDER** aus.
9. Schreiben Sie in die Bereichsangabe *Z10:21S3:4*.
10. Geben Sie im **Formatcode** die Formatierung **Ganz** an.
11. Bestätigen Sie die Eingabe mit der **RETURN**-Taste.

Wie Sie sehen, haben Sie durch Festlegung der Bereichsangaben die Spalten 3 und 4 gleichzeitig mit einem einzigen Befehl formatiert.

Bei richtiger Eingabe hat der Bildschirm folgendes Aussehen:

```
-1      2           3          4        5         6        7        8
 4 Hochrechnung der Kosten über das ganze Jahr
 5
 6
 7 Jahres-  Angenommene Werte z. Jahresende  Monatsdurchschnitt
 8  Etat       Total    Diff.     Diff.in % aus ETAT
 9 ===============================================================
10    1700       1762     -62              147
11     578        576       2               48
12     201        197       4               16
13     500        475      25               40
14     379        384      -5               32
15      13         12       1                1
16
17    3371       3406     -35              284
18
19     835        835       0               70
20
21    2536       2570     -34              214

FORMAT FELDER: Z10:2153:4         Ausrichtung:(Stnd)Mitte Norm Links Rechts -
   Formatcode: Stnd Zusamm E_form Fest Norm(Ganz)DM * % -    Dez-Stellen: 0
Zahl eingeben
Z11S5                             88% frei      Multiplan:
```

Bild 3.18

3.3.4 Das **MULTIPLAN**-Lernziel:
Divisionsformel und Kopierformel

Aufgabe:
Es soll eine Division durchgeführt werden, deren Ergebnis entsprechend
formatiert wird. Außerdem wird die Formel kopiert.

Ausführung:
1. Positionieren Sie den Cursor auf Feld Z10S5.
2. Wählen Sie den Befehl **Wert** aus.
3. Fahren Sie mit dem Cursor auf die Zahl − *62*, geben Sie das *Divisionszeichen* ein.
4. Fahren Sie mit dem Cursor auf die *1700*, und geben Sie ein *Prozentzeichen* ein.
5. Bestätigen Sie die Eingabe mit der **RETURN**-Taste.
6. Kopieren Sie die Formel um *11* Felder nach unten.
7. Radieren Sie die Fehlermeldungen **DIV/0!** in Ihrem Arbeitsblatt aus.
8. Formatieren Sie die Zahlenwerte als **Fest** mit *2* Dezimalstellen.
9. Wählen Sie dazu den Befehl **FORMAT FELDER**, geben Sie die **Bereichsangabe:** *Z10:21S5* ein, wählen Sie den **Formatcode Fest**, und geben Sie *zwei* **Dez-Stellen** ein.

Der Bildschirm zeigt:

```
 -1       2         3         4         5         6         7         8
  4 Hochrechnung der Kosten über das ganze Jahr
  5
  6
  7  Jahres-  Angenommene Werte z. Jahresende  Monatsdurchschnitt
  8  Etat      Total    Diff.     Diff.in % aus ETAT
  9  =================================================================
 10    1700     1762      -62     -3,62       147
 11     578      576        2      0,35        48
 12     201      197        4      2,09        16
 13     500      475       25      4,96        40
 14     379      384       -5     -1,32        32
 15      13       12        1      7,69         1
 16
 17    3371     3406      -35     -1,03       284
 18
 19     835      835        0     -0,02        70
 20
 21    2536     2570      -34     -1,36       214

FORMAT FELDER: Z10:Z155            Ausrichtung:(Stnd)Mitte Norm Links Rechts -
   Formatcode: Stnd Zusamm E_form(Fest)Norm Ganz DM * % -     Dez-Stellen: 2
Position eines Feldes oder Tabellenbereichs eingeben
Z10S5    Z5(-1)/Z5(-3)%                88% frei     Multiplan:
```

Bild 3.19

3.3.5 Was Sie bisher erreicht haben!

Sie haben nun die beiden Arbeitsblätter Etat und Etatb fertiggestellt. Die beiden Arbeitsblätter stehen durch eine Xtern Kopie miteinander in Verbindung. Sobald also ein Wert in der Datei Etat verändert wird, schlägt sich dies auf die Datei Etatb nieder. Die beiden Arbeitsblätter bleiben solange miteinander verbunden, bis Sie die Bereichsangabe innerhalb des Befehls Xtern Kopie löschen. Eine externe Kopie kann also nur durch eine ganz bestimmte Befehlsfolge, die im folgenden noch erläutert wird, aufgelöst werden.

Warum soll nun eine externe Kopie überhaupt aufgelöst werden? Wie Sie bei der weiteren Bearbeitung des Arbeitsblattes Etatb bemerken werden, können Sie die durch eine verbundene externe Kopie kopierten Werte nicht radieren. Auf diesen Werten liegt ein Schutz, als hätten Sie die Befehlsfolge SCHUTZ FELDER (Geschützt) durchgeführt. Wenn Sie also nun Ihr zweites Arbeitsblatt in eine andere Form bringen wollen, können Sie die kopierten Werte nicht radieren. Die einzige Möglichkeit, diese Werte zu ,,radieren'' ist, die externe Kopie aufzulösen.

3.3.6 Das Multiplan-Lernziel:
Schützen der Felder mit Formelinhalt

Aufgabe:
Bisher haben Sie die Formeln in diesem Arbeitsblatt noch nicht vor dem Überschreiben geschützt. Um festzustellen, welche Felder mit Formeln belegt sind, wandern Sie mit dem Cursor Spalte für Spalte durch die Zeile 10.

Ausführung:
1. Positionieren Sie den Cursor auf das Feld Z10S2. Beobachten Sie dabei die linke untere Ecke Ihres Bildschirms; dort steht die Zahl *1700*.
2. Positionieren Sie den Cursor auf Feld Z10S3. In der unteren linken Bildschirmecke taucht die Formel **12 * mittel** auf.
3. Fahren Sie weiter mit dem Cursor in die Spalten 4 und 5, und sehen Sie sich die Felder mit den Formeleinträgen genau an.

4. Sie haben festgestellt, daß sich in den Feldern 3, 4 und 5 Formeln befinden, die Sie sichern müssen.
5. Wählen Sie den Befehl **SCHUTZ FELDER** an, geben Sie in der **Bereichsangabe** *Z10:21S3:5* an, setzen Sie den **Status** auf **Geschützt**.
6. Bestätigen Sie die Eintragungen mit der **RETURN**-Taste.
7. Positionieren Sie den Cursor auf Feld Z10S3, und versuchen Sie, die
   Taste **T** für **Text** zu drücken.
8. Der Computer meldet sich mit einem akustischen Signal, und es erscheint unten links auf dem Bildschirm die Anzeige

   Geschützte Felder dürfen nicht geändert werden.

9. Positionieren Sie den Cursor nun auf Feld Z10S7. Dieses Feld ist nicht
   von Ihnen geschützt worden, wird aber durch die **XTERN KOPIE** automatisch geschützt. Versuchen Sie, eine Eintragung in dieses Feld vorzunehmen.
10. Drücken Sie die Taste **T** für **Text**. Sie sehen — auch hier erscheint unten
    links auf dem Bildschirm die Anzeige

    Geschützte Felder dürfen nicht geändert werden.

Den Schutz für die Spalten 3 bis 5 können Sie ohne weiteres wieder aufheben, indem Sie in den Befehl **SCHUTZ FELDER** gehen, die Bereichsangabe vornehmen und den **Status** auf **Ungeschützt** setzen. Versuchen Sie
dies nun mit den Feldern Z10:21S6.

11. Positionieren Sie den Cursor auf Feld Z10S7, geben Sie den Befehl
    SCHUTZ Felder ein und bringen Sie, den **Status** auf **Ungeschützt**. Be-
    stätigen Sie die Eingabe mit der **RETURN**-Taste.

Das System meldet sich erneut mit einem akustischen Signal und zeigt in
der unteren linken Bildschirmecke die Anzeige an

Feld wurde durch XTERN KOPIE geschützt.

Sie können also den Schutz von Feldern, die durch **XTERN KOPIE** in ein
Arbeitsblatt übertragen worden sind, nicht aufheben. Diese Felder werden
nur dann verändert, wenn in dem Arbeitsblatt, aus dem sie kopiert worden
sind, Eintragungen vorgenommen werden. Im aktuellen Arbeitsblatt können
Sie diese Felder nicht radieren.

3.3.7 Das Multiplan-Lernziel:
Auflösen von Xternen Kopien

Aufgabe:
Wenn Sie die Verbindung zwischen den Arbeitsblättern aufheben wollen,
müssen Sie die Bereichsangabe im Befehl **XTERN KOPIE** löschen.

Ausführung:
1. Positionieren Sie den Cursor auf Feld Z10S6.
2. Wählen Sie den Befehl **XTERN KOPIE** an. Der Tabellenname ist bereits
   eingetragen.
3. Sie müssen den Bereichsnamen *durchschnitt* noch einmal eintragen.
4. Springen Sie weiter in die Bereichsangabe, betätigen Sie die **Leertaste**
   einmal, und löschen Sie die Bereichsangabe aus dem Befehlsmenü heraus.
5. Wenn Sie nun die Eingabe mit der **RETURN**-Taste bestätigen, wird die
   XTERN KOPIE aufgehoben und der Inhalt von Z10:21S6 gelöscht.

Versuchen Sie nicht, einen mit **XTERN KOPIE** in das Arbeitsblatt über-
tragenen Bereich mit dem Befehl **Löschen** aus dem Arbeitsblatt herauszu-
nehmen, weil sonst sämtliche Abhängigkeiten auf dem Arbeitsblatt durch-
einandergebracht werden.

Wenn Sie alle Eingaben richtig vorgenommen haben, sollte der Bildschirm
aussehen:

```
| -1      2           3           4           5          6          7          8
   4 Hochrechnung der Kosten über das ganze Jahr
   5
   6
   7  Jahres-  Angenommene Werte z. Jahresende  Monatsdurchschnitt
   8   Etat       Total    Diff.      Diff.in % aus ETAT
   9 ================================================================
  10    1700          0    1700     100,00
  11     578          0     578     100,00
  12     201          0     201     100,00
  13     500          0     500     100,00
  14     379          0     379     100,00
  15      13          0      13     100,00
  16
  17    3371          0    3371     100,00
  18
  19     835          0     835     100,00
  20
  21    2536          0    2536     100,00
```

EXTERN KOPIE von Tabelle: etat   Bereichsname: durchschnitt
                    nach: verbunden:(Ja)Nein
Position eines Feldes oder Tabellenbereichs eingeben
Z1056   88% frei   Multiplan:

Bild 3.20

3.3.8 Das Multiplan-Lernziel:
Einsatz des Befehls Xtern Kopie

Aufgabe:
Das Problem, ob eine verbundene oder eine unverbundene Kopie durchgeführt werden soll, ist zu klären.

Ausführung:
1. Positionieren Sie den Cursor auf Feld Z10S6.
2. Wählen Sie den Befehl **XTERN KOPIE** aus.
3. Der **Tabellenname** ist: *Etat*.
4. Geben Sie bei **Bereichsname:** *durchschnitt* an.
5. Die **Bereichsangabe** und **Verbunden: Ja** bleibt bestehen. Betätigen Sie
   die **RETURN**-Taste zur Bestätigung der Eingaben.

Auf diesem Arbeitsblatt haben Sie zwei **XTERN KOPIEN** durchgeführt —
eine unverbundene, um sich das erneute Schreiben der Texte zu ersparen,
und eine verbundene, um Zahlenwerte für die weiteren Berechnungen zu
kopieren.
Die Texte sind als unverbundene kopiert worden, weil wir wissen, daß in
diesem Bereich auf dem Arbeitsblatt *Überprüfung des Etats* keine Veränderungen vorgenommen werden. Zahlenwerte jedoch unterliegen monatlichen
Veränderungen und müssen deshalb immer wieder aktualisiert werden. Bei
jedem Laden des Arbeitsblattes *Hochrechnung der Kosten* werden die neuen
Werte aus dem Arbeitsblatt *Überprüfung des Etats* übernommen, weil die
Arbeitsblätter miteinander verbunden sind.
Bei der Frage **XTERN KOPIE verbunden oder unverbunden?** kommt es also
darauf an, ob wir Texte oder Werte nur **einmal** benötigen (**XTERN KOPIE
unverbunden**), oder ob wir jeweils die aktuellen Werte aus einem anderen
Arbeitsblatt brauchen (**XTERN KOPIE verbunden**).

Ihre Bildschirmausgabe ist wie folgt:

```
|-1      2        3          4        5         6        7        8
| 4 Hocnrecnnung oer Kosten über oas ganze Janr
| 5
| 6
| 7  Janres-  Angenommene werte z. Janresende  Monatsourcnscnnitt
| 8   Etat     Total    Diff.      Diff.in % aus ETAT
| 9 ===============================================================
| 10   1700     1762      -62     -3,62       147
| 11    578      576        2      0,35        48
| 12    201      197        4      2,09        16
| 13    500      475       25      4,96        40
| 14    379      384       -5     -1,32        32
| 15     13       12        1      7,69         1
| 16
| 17   3371     3406      -35     -1,03       284
| 18
| 19    835      835        0     -0,02        70
| 20
| 21   2536     2570      -34     -1,36       214
```

EXTERN KOPIE von Tabelle: Etat   Bereicnsname: ourchscnnitt
                  nacn: Z1056   verounoen:(Ja)Nein
Bereicn oer externen Tabelle angeoen
Z1056   146,8   88% frei   Multiplan:

Bild 3.21

3.3.9 Anmerkung zur absoluten und relativen Positionsangabe

Es bestehen zwei Möglichkeiten, Bereichsangaben vorzunehmen. Sehen Sie sich als Beispiel das Bild 3.22 an. Sie haben für einen bestimmten Bereich der Spalte 1 den Namen **text** vergeben, und zwar mit der

absoluten Positionsangabe: (Z7:18S1)

Die Angabe Zn:mSn bezeichnet die Zeilen n bis m in der Spalte n.
Sie können die gleiche Eingabe durch Verwendung der Cursorsteuertasten erreichen: Z7S1:Z18S1 oder ZnSm:ZnSm
das heißt also, daß die Angabe:

ZnSm   z.B. Z2S3   bezeichnet ein einzelnes Feld
Zn   z.B. Z2   bezeichnet eine einzelne Zeile
Sn   z.B. S2   bezeichnet eine einzelne Spalte
Zn:m   z.B. Z2:4   bezeichnet alle Zeilen von 2 bis 4
Sn:m   z.B. S2:4   bezeichnet alle Spalten von 2 bis 4

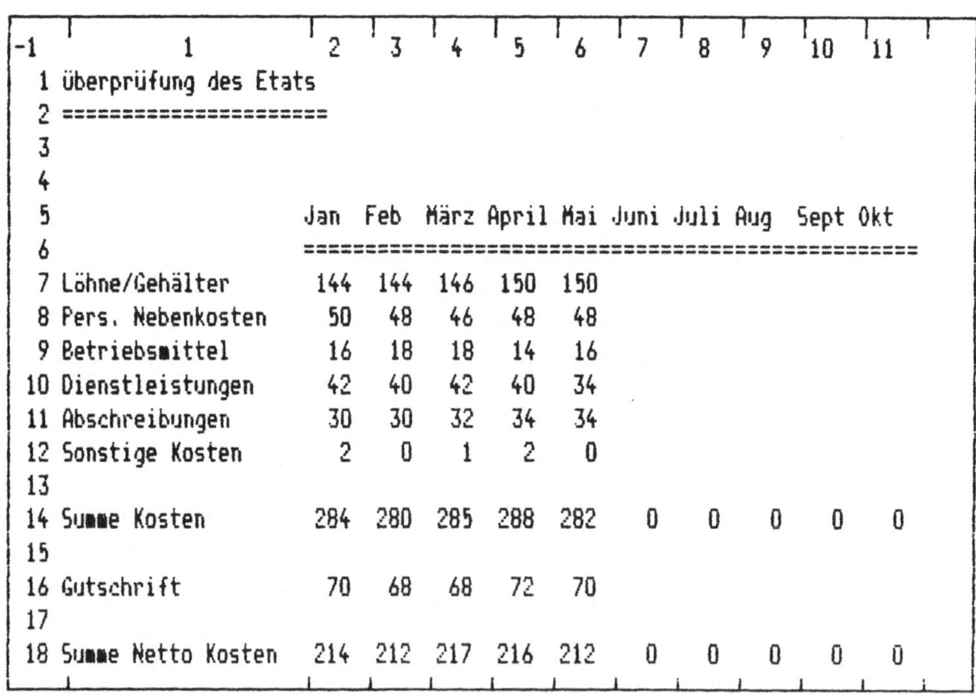

Bild 3.22

relative Positionsangabe:

Die relative Positionsangabe sollte bei der Funktion **SUMME** (Liste) verwendet werden, wie bei der Datei **Etat** in Feld Z14S3 **SUMME(Z(−7)S:Z(−2)S)** siehe Bild 3.23:

Z(−n) z.B. Z(−1)   eine Zeile über dem aktiven Feld
Z(+n) z.B. Z(+1)   eine Zeile unter dem aktiven Feld
ZS(−n) z.B. ZS(−1) ein Feld links vom aktiven Feld
ZS(+n) z.B. ZS(+1) ein Feld rechts vom aktiven Feld

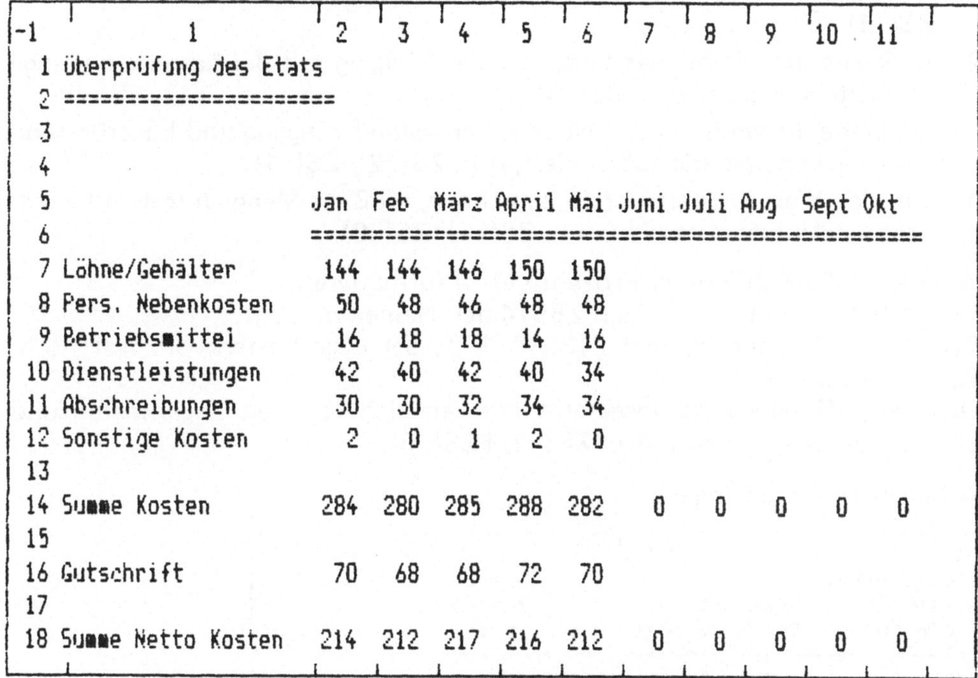

Bild 3.23

3.3.10 Übung II

Versuchen Sie, anhand der beiden Ausdrucke (Bild 3.22 und 3.23) zwei unterschiedliche Arbeitsblätter zu erstellen.

Erstellen Sie zuerst das Arbeitsblatt **Wareneingang**, und vergeben Sie in diesem Arbeitsblatt für den Bereich Z10:18S3:7 den Namen kopie. Dieser Bereich soll später in das zweite Arbeitsblatt übernommen werden.

Geben Sie in Feld Z10S7 die Formel zur Berechnung des Rechnungsbetrages netto ein, und kopieren Sie die Formel bis in Zeile 18 nach unten.

Speichern Sie das erste Arbeitsblatt mit dem Dateinamen Wareneingang.

Löschen Sie nun Ihren Bildschirm.

Für das Arbeitsblatt **Optimale Bestellung** benötigen Sie die folgenden Formeln:

1. In Spalte 9 werden die variablen und fixen Kosten addiert, d. h. **ZS (−2)+ ZS(−1)**.

2. In Spalte 10 stimmt der Lagerbestand Eingang mit der bestellten Menge in Spalte 4 überein, d.h. **ZS(−6)**.

3. In Spalte 12 werden die Felder Lagerbestand Eingang und Lagerbestand Ausgang voneinander subtrahiert, d.h. **ZS(−2)−ZS(−1)**.

4. Um den Wert in Spalte 13 zu berechnen, muß die Menge mit dem Listenpreis multipliziert werden, d.h. **ZS(−1)∗ZS(−8)**.

Wichtig ist, Feld Z8S14 als Prozentfeld zu formatieren.

Vergeben Sie dann für das Feld Z8S14 den Namen **prozent**.

Berechnen Sie dann in Feld Z13S14 12 % der Lagerkosten vom Wert, d.h. **ZS−1∗prozent**.

Die Beschaffungskosten insgesamt ergeben sich aus den Lagerkosten und den Bestellkosten gesamt, d.h. **ZS(−1)+ZS(−6)**.

Arbeitsblatt Wareneingang

```
-1    1       2       3     4     5     6         7         8
   6 Wareneingang                             Rechn.
   7 Lfd.            Rechn.  Art.              betrag
   8 Nr. Lieferant   Nr.     Nr.   Menge   Preis   netto
   9 -----------------------------------------------------------
  10 1  Riefenbruch 12345   1021  10    1354,00 DM 13540,00 DM
  11 2  Meierling   12356   1236  25     213,00 DM  5325,00 DM
  12 3  Weber       12348   2513   5    1245,00 DM  6225,00 DM
  13 4  Otter       12399   6523   4    2341,00 DM  9364,00 DM
  14 5  Niemann     12366   6598   3    1254,00 DM  3762,00 DM
  15 6  Kurzer      12347   4584   6    2584,00 DM 15504,00 DM
  16 7  Rather      12322   4565   3    1596,00 DM  4788,00 DM
  17 8  Naumann     12333   5625   5    3541,00 DM 17705,00 DM
  18 9  Weinmann    12300   9653   7    2582,00 DM 18074,00 DM
  19 -----------------------------------------------------------
  20                                 Gesamtwert 94287,00 DM
  21
  22
  23
```

Bild 3.24

Arbeitsblatt Optimale Bestellung

	1	2	3	4	5	6	7	8	9	10	11	12	13	14	15
8	Optimale Bestellung														12%
9														Lager-	Beschaffu
10	Lfd.Recnn.	Art.	Best.	Listen-		Rechn.-	BESTELLKOSTEN			LAGERBESTAND				kosten	kosten
11	Nr. Nr.		Nr.	Menge	Preis	Betrag	variable	fixe	Gesamt	Eingang	Ausgang	Menge	Wert	vom Wert	insgesamt
12	---														
13	1 12345	1021		10	1354,00 DM	13540,00 DM	30,00 DM	10,00 DM	40,00 DM	10	0	10	13540,00 DM	1624,80 DM	1664,80 i
14	2 12356	1236		25	213,00 DM	5325,00 DM	30,00 DM	10,00 DM	40,00 DM	25	5	20	4260,00 DM	511,20 DM	551,20 i
15	3 12348	2513		5	1245,00 DM	6225,00 DM	30,00 DM	10,00 DM	40,00 DM	5	2	3	3735,00 DM	448,20 DM	488.20 !
16	4 12399	6523		4	2341,00 DM	9364,00 DM	30,00 DM	10,00 DM	40,00 DM	4	0	4	9364,00 DM	1123,68 DM	1163,68 i
17	5 12366	6598		3	1254,00 DM	3762,00 DM	30,00 DM	10,00 DM	40,00 DM	3	1	2	2508,00 DM	300,96 DM	340,96 i
18	6 12347	4584		6	2584,00 DM	15504,00 DM	30,00 DM	10,00 DM	40,00 DM	6	0	6	15504,00 DM	1860,48 DM	1900,48 i
19	7 12322	4565		3	1596,00 DM	4788,00 DM	30,00 DM	10,00 DM	40,00 DM	3	2	1	1596,00 DM	191,52 DM	231,52 i
20	8 12333	5625		5	3541,00 DM	17705,00 DM	30,00 DM	10,00 DM	40,00 DM	5	1	4	14164,00 DM	1699,68 DM	1739,68 i
21	9 12300	9653		7	2582,00 DM	18074,00 DM	30,00 DM	10,00 DM	40,00 DM	7	3	4	10328,00 DM	1239,36 DM	1279,36 i

Bild 3.25

3.3.11 Was Sie bisher erreicht haben!

Wenn Sie sich einmal die Multiplan-Befehlszeile auf Ihrem Bildschirm ansehen, werden Sie feststellen, daß Sie mit den meisten der aufgeführten Befehle schon gearbeitet haben. Die Ihnen noch unbekannten Befehle werden selbstverständlich im Rahmen dieses Buches noch abgehandelt.

Zusätzlich zu den Befehlen haben Sie auch schon eine Reihe von Funktionen kennengelernt:

- Die Funktion SUMME( ), mit der Sie ganze Bereiche Ihres Arbeitsblattes addieren können.

- Die Funktion MITTELW( ), mit der Sie Durchschnittswerte eines bestimmten Bereiches ermitteln können.

- Die Funktion ANZAHL( ), mit der Sie die belegten Felder eines bestimmten Bereiches ,,zählen'' können.

An dieser Stelle des Buches haben Sie einen großen Teil der Lernziele hinter sich gebracht. Mit Hilfe Ihrer Kenntnisse sind Sie schon durchaus in der Lage, Ihre eigenen Arbeitsblätter zu erstellen.

Um das Anwenderprogramm Multiplan in seinem gesamten Umfang intelligent ausnutzen zu können, ist es unbedingt erforderlich, die Funktion WENN einzusetzen, die im nächsten Arbeitsblatt in Verbindung mit der Funktion SUCHEN ( ) auftreten wird.

4 Das Arbeitsblatt Rechnungserstellung

In der nächsten Datei, die Sie anlegen, werden Sie weitere Funktionen des Kalkulationsprogrammes MULTIPLAN kennenlernen. Es sind die Funktionen **SUCHEN(Liste)** und **WENN**. Außerdem werden alle bisher erlernten Funktionen und Befehle wiederholt und vertieft.

Das Arbeitsblatt, das Sie anlegen, besteht aus zwei Teilen: Auf der einen Seite eine Liste mit laufenden Nummern; das sind Artikelnummern, Artikelbezeichnung und Einzelpreise. Auf der anderen Seite ein Rechnungserstellungsarbeitsblatt, das Sie später gesondert ausdrucken können.

Das Arbeitsblatt Rechnung wird automatisch durch die Änderungen der Liste beeinflußt. Sie müssen lediglich die laufende Nummer und die Menge der verkauften Artikel in die Liste eingeben.

Die Artikelnummern, Artikelbezeichnung und Einzelpreise werden aus der Liste herausgesucht und in das Rechnungsformular eingetragen. Sie müssen dann nur noch die Menge mit dem Einzelpreis multiplizieren, um den Gesamtpreis zu erhalten. Außerdem werden auf der Rechnung der Nettopreis, die Mehrwertsteuer und der Gesamtpreis ausgewiesen.

Sie können diese Rechnung so ausdrucken lassen, wie sie ist, oder Sie können die Datei unter **Symbolisch, Druck Platte/Diskette** abspeichern, um sie später in dem Programm **WORD** aufzurufen und eine entsprechende Bildschirmmaske für ein Rechnungsformular zu erstellen.

4.1 Das Multiplan-Lernziel:
Eingabe von Texten, Zahlenwerten und Formatierung der Spaltenbreite

Aufgabe:
Die Texte und Zahlenwerte, die einzugeben sind, können Sie Bild 4.1 entnehmen. Das Formatieren der Spaltenbreite wird noch einmal wiederholt.

Ausführung:
1. Geben Sie die Texte in Zeilen 5 bis 6 ein.
2. Positionieren Sie den Cursor auf Feld Z7S1.
3. Geben Sie *zehnmal* den *Bindestrich* ein.
4. Kopieren Sie die Unterstreichung mit Hilfe des Befehls **KOPIE RECHTS Anzahl der Kopien:** *3*.
5. Ändern Sie dann die Breite der Spalte 1 mit Hilfe des Befehls **FORMAT BREITE DER SPALTEN** auf **Standard:** *5*.
6. Bringen Sie auch die Spalte 2 auf eine Breite von *5* Zeichen.
7. Die Spalte 3 erhält eine Breite von *24* Zeichen; korrigieren Sie die Unterstreichung.
8. Die Spalte 4 soll eine Breite von *8* Zeichen erhalten.
9. Entnehmen Sie dann dem Bild 4.1 die weiteren Eingaben, die für die Tabelle notwendig sind, d.h. die *Lfd. Nr.* in Spalte 1, die *Artikelnummern* in Spalte 2, die *Artikelbezeichnungen* in Spalte 3 und die *Einzelpreise* in Spalte 4. Die *Einzelpreise* können unformatiert bleiben.
10. Vergeben Sie bitte den Dateinamen RECHNUNG.

Der Ausdruck Ihres Bildschirms soll wie folgt aussehen:

```
-1    1   2             3              4                        5
  5 Lfd. Art.                       Einzel-
  6 Nr.  Nr.  Artikelbezeichnung    preis
  7 ---------------------------------------------
  8    1 1475 Luxus-Körperlotion      6,9
  9    2 1437 Malven-Körperlotion     7,5
 10    3 1425 Rosmarinwein            9,5
 11    4 1458 Feuchtigkeitslotion     7,8
 12    5 1459 Körpermilch             5,9
 13    6 1422 Kamillen-Creme          8,5
 14    7 1414 Johannniskraut          7,5
 15    8 1415 Honig-Maske             8,9
 16    9 1416 Distelöl                5,5
 17   10 1456 Regenerationscreme      5,9
 18   11 1432 Feuchtigkeitsmaske        7
 19   12 1441 Kampfer-Maske           8,9
 20   13 1489 Flowery-Skin-Lotion     5,9
 21   14 1499 Mandelkleie             4,5
 22   15 1478 Gurken-Maske            5,5

BEFEHL: Text Ausschnitt Bewegen Druck Einfügen Format Gehezu Hilfe Kopie Löschen
        Name Ordnen Quit Radieren Schutz übertragen Verändern Wert Xtern Zusätze
Einen Befehl auswählen oder Anfangsbuchstaben eingeben
Z551     "Lfd."                      90% frei      Multiplan:
```

Bild 4.1

4.2 Das Multiplan-Lernziel:
Eingabe von Texten, Zahlenwerten und Formatieren der Spaltenbreite

Aufgabe:
Sie werden nun rechts neben der Liste ein Rechnungsformular aufbauen.

Ausführung:

1. Geben Sie den Kopf der Rechnung in Felder Z6:10S6:11 ein.
2. Positionieren Sie dazu den Cursor auf Feld Z6S6, wählen Sie den Befehl **Text** aus und geben Sie das Wort *Rechnung* in gesperrten Großbuchstaben ein.
3. Wählen Sie den Befehl **FORMAT FELDER** aus, geben Sie in der Bereichsangabe *Z6S6:7* an, und wählen Sie den **Formatcode Zusamm** für diese Felder aus.
4. Geben Sie in Z6S8 die Abkürzung *NR:* und in Z6S9 die Rechnungsnummer *1342* ein.
5. Positionieren Sie den Cursor auf Feld Z7S6.
6. Geben Sie *zehnmal* den *Bindestrich* ein, und kopieren Sie mit Hilfe des Befehls **KOPIE RECHTS Anzahl:** *5* die Unterstreichung bis in Spalte 11 nach rechts.
7. Ändern Sie dann die Breite der Spalten 6 bis 11 folgendermaßen:
8. Positionieren Sie den Cursor auf Feld Z7S6, wählen Sie den Befehl **FORMAT BREITE DER SPALTE** an, und geben Sie bei **Standard** eine *3* ein. Bestätigen Sie die Eingabe mit der **RETURN**-Taste.
9. Verbreitern Sie die Spalte 7 auf eine Breite von *13* Zeichen.
10. Bringen Sie die Spalte 8 auf eine Breite von *24* Zeichen.
11. Die Spalte 9 soll auf eine Breite von *11* Zeichen verbreitert werden.
12. Die Spalte 10 behält die Standardbreite.
13. Bringen Sie die Spalte 11 auf eine Breite von *11* Zeichen, und geben Sie anhand des Bildschirmausdrucks den Text für die Zeilen 8 und 9 ein.
14. Positionieren Sie den Cursor auf Feld Z10S6, geben Sie *zwölfmal* den *Bindestrich* ein, und kopieren Sie die Unterstreichung nach rechts. Korrigieren Sie die Unterstreichung in der Spalte 8.

Bei richtiger Eingabe hat Ihr Bildschirm das folgende Aussehen:

```
-1  6       7                8              9       10        11
 5
 6 R E C H N U N G                     NR:      1324
 7 --------------------------------------------------------------
 8 Lfd   Art.                                  Einzel-   Gesamt-
 9 Nr.   Nr.     Artikelbezeichnung     Menge  Preis     Preis
10 --------------------------------------------------------------
11
12
13
14
15
16
17
18
19
20
21
22
```

```
BEFEHL: Text Ausschnitt Bewegen Druck Einfügen Format Gehezu Hilfe Kopie Löschen
        Name Ordnen Quit Radieren Schutz übertragen Verändern Wert Xtern Zusätze
Einen Befehl auswählen oder Anfangsbuchstaben eingeben
Z1156                           94% frei       Multiplan:
```

Bild 4.2

!! Bitte denken Sie an die Datensicherung !!

(Übertragen Speichern Dateiname)

4.3 Das Multiplan-Lernziel:
Namensvergabe für ganze Bereiche

Aufgabe:

Um später die *Artikelnummer, Artikelbezeichnung* und den *Einzelpreis* automatisch in die Rechnung übernehmen zu können, müssen für diese Bereiche Namen vergeben werden. Der Schlüssel für die automatische Übernahme aus der Tabelle ist die laufende Nummer, und zwar die laufende Nummer, die in das Rechnungsformular eingegeben wird.

Der erste Name, der also vergeben werden muß, ist der für die laufende Nummer im Rechnungsformular im Bereich Z11:19S6.

Ausführung:

1. Positionieren Sie den Cursor auf Feld Z11S6, geben Sie den Befehl **N** für **Name** ein.

2. Schreiben Sie bei **Namen eingeben:** das Wort *art*.

3. Springen Sie mit der **Tabulator**-Taste in die Bereichsangabe, geben Sie dort *Z11:10S6* ein, und bestätigen Sie die Eingaben mit der **RETURN**-Taste.

4. Um den Bereich der Artikelnummern abzudecken, müssen Sie eine Bereichsangabe definieren.

5. Positionieren Sie den Cursor auf Feld Z8S2.

6. Wählen Sie den Befehl **Name** aus, geben Sie den Namen *artnr* ein, und schreiben Sie in die **Bereichsangabe:** *Z8:22S1:2*.

7. Der nächste Name muß für den Text der Artikelbezeichnung vergeben werden. Positionieren Sie den Cursor auf Feld Z8S3, gehen Sie in den Befehl **N** für **Name**, vergeben Sie den Namen *text* mit der **Bereichsangabe** Z8:22S1:3.

8. Der letzte Name, der vergeben werden muß, ist der für den *Einzelpreis.*

9. Positionieren Sie den Cursor auf Feld Z8S4, geben Sie den Namen *ezpreis* ein und bei der **Bereichsangabe:** *Z8:22S1:4* an. Bestätigen Sie die Eingabe mit der **RETURN**-Taste.

In die mit Namen vergebenen Felder Z11:19S6 werden später die laufenden Nummern eingetragen, die als Kennziffer für den gesamten Aufbau des Rechnungsformulars dienen. Sie können nur bis in die Spalte 19 Eintragungen vornehmen, ab Zeile 20 ist der Bereich nicht mehr definiert.

Bildschirmausdruck zur Namensvergabe:

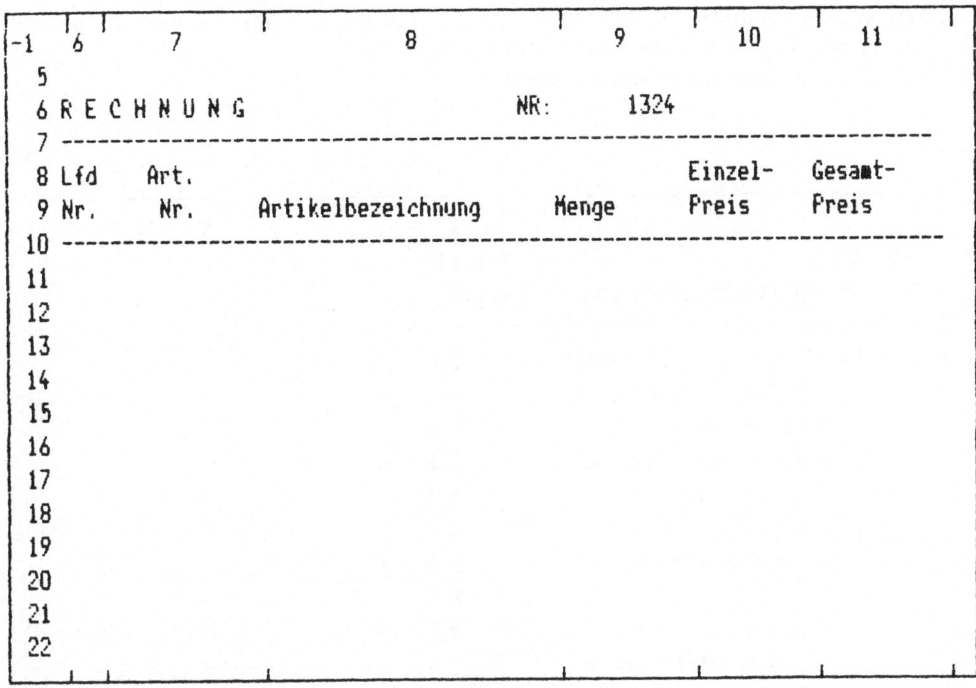

Bild 4.3

Anmerkung zur Funktion SUCHEN:

Um die Funktion **SUCHEN** zum Einsatz bringen zu können, müssen Sie sich eine Tabelle mit mindestens zwei Spalten definieren. Durch den Befehl **Suchen** wird lediglich die letzte Spalte der Tabelle angesprochen, in diesem Fall ist es die Spalte mit den Artikelnummern.
Bildschirmausdruck zur Namensvergabe:

```
-1   1   2              3              4                    5
  5 Lfd. Art.                       Einzel-
  6 Nr.  Nr.  Artikelbezeichnung    preis
  7 ----------------------------------------------
  8   1 1475 Luxus-Körperlotion      6,9
  9   2 1437 Malven-Körperlotion     7,5
 10   3 1425 Rosmarinwein            9,5
 11   4 1458 Feuchtigkeitslotion     7,8
 12   5 1459 Körpermilch             5,9
 13   6 1422 Kamillen-Creme          8,5
 14   7 1414 Johannniskraut          7,5
 15   8 1415 Honig-Maske             8,9
 16   9 1416 Distelöl                5,5
 17  10 1456 Regenerationscreme      5,9
 18  11 1432 Feuchtigkeitsmaske        7
 19  12 1441 Kampfer-Maske           8,9
 20  13 1489 Flowery-Skin-Lotion     5,9
 21  14 1499 Mandelkleie             4,5
 22  15 1478 Gurken-Maske            5,5

NAME: Namen eingeben: artnr          Bereichsangabe: Z8:2251:2

Namen eingeben
Z852    1475                         94% frei      Multiplan:
```

Bild 4.4

Anmerkung zur Namensvergabe beim Anlegen von Tabellen:

Da nicht nur die Artikelnummer automatisch in das Rechnungsformular übernommen werden soll, sondern auch die Artikelbezeichnung, muß eine weitere Tabelle angelegt werden. Diese Tabelle besteht aus den Spalten 1 bis 3, wobei wieder die letzte Spalte der Tabelle durch den Befehl **Suchen** angesprochen wird, in diesem Fall also die Artikelbezeichnungen.
Bildschirmausdruck zur Namensvergabe:

```
-1    1    2              3                4                    5
   5 Lfd. Art.                          Einzel-
   6 Nr.  Nr.  Artikelbezeichnung       preis
   7 --------------------------------------------
   8    1 1475 Luxus-Körperlotion          6,9
   9    2 1437 Malven-Körperlotion         7,5
  10    3 1425 Rosmarinwein                9,5
  11    4 1458 Feuchtigkeitslotion         7,8
  12    5 1459 Körpermilch                 5,9
  13    6 1422 Kamillen-Creme              8,5
  14    7 1414 Johannniskraut              7,5
  15    8 1415 Honig-Maske                 8,9
  16    9 1416 Distelöl                    5,5
  17   10 1456 Regenerationscreme          5,9
  18   11 1432 Feuchtigkeitsmaske            7
  19   12 1441 Kampfer-Maske               8,9
  20   13 1489 Flowery-Skin-Lotion         5,9
  21   14 1499 Mandelkleie                 4,5
  22   15 1478 Gurken-Maske                5,5

NAME: Namen eingeben: text              Bereichsangabe: Z8:Z251:3

Namen eingeben
Z853     "Luxus-Körperlotion"           94% frei      Multiplan:
```

Bild 4.5

Anmerkung zum Anlegen von Tabellen für die Funktion SUCHEN:

Schließlich muß noch eine dritte Tabelle für den Einzelpreis angelegt werden, der später als Multiplikator im Rechnungsformular dienen soll. In der letzten Tabelle werden die Spalten 1 bis 4 als Tabelle definiert, wobei lediglich die Spalte 4 durch den Befehl **Suchen** angesprochen wird.
Bildschirmausdruck zur Namensvergabe:

```
 -1    1   2              3              4                5
  5 Lfd. Art.                        Einzel-
  6 Nr.  Nr.  Artikelbezeichnung     preis
  7 --------------------------------------------
  8    1 1475 Luxus-Körperlotion       6,9
  9    2 1437 Malven-Körperlotion      7,5
 10    3 1425 Rosmarinwein             9,5
 11    4 1458 Feuchtigkeitslotion      7,8
 12    5 1459 Körpermilch              5,9
 13    6 1422 Kamillen-Creme           8,5
 14    7 1414 Johannniskraut           7,5
 15    8 1415 Honig-Maske              8,9
 16    9 1416 Distelöl                 5,5
 17   10 1456 Regenerationscreme       5,9
 18   11 1432 Feuchtigkeitsmaske         7
 19   12 1441 Kampfer-Maske            8,9
 20   13 1489 Flowery-Skin-Lotion      5,9
 21   14 1499 Mandelkleie              4,5
 22   15 1478 Gurken-Maske             5,5

NAME: Namen eingeben: ezpreis        Bereichsangabe: Z8:2251:4


Namen eingeben
Z854     6,9                          94% frei     Multiplan:
```

Bild 4.6

4.4 Was Sie bisher erreicht haben!

Sie haben eine Tabelle eingegeben, in der die Lfd. Nr., die Art. Nr., die Artikelbezeichnung und der Einzelpreis eingetragen wurden. Diese Eingaben können individuell für jede Branche angegeben werden. In diesem Fall handelt es sich um Kosmetikartikel.
In den Spalten 6 bis 11 haben Sie ein Rechnungsformular aufgebaut, das natürlich auch nach Belieben gestaltet werden kann.
Wie schon beschrieben soll in das Rechnungsformular später nur die Lfd. Nr. für einen verkauften Artikel eingegeben werden, dann erscheint sofort die Art. Nr. und die Artikelbezeichnung.
Wenn dann die Menge des verkauften Artikels eingetragen wird, sucht das Programm den zu der Lfd. Nr. gehörenden Einzelpreis heraus, und durch Multiplikation wird der Gesamtpreis errechnet.
Nun muß dem Programm natürlich „gesagt" werden, was geschehen soll. Um nach Eingabe der Lfd. Nr. die entsprechenden Art. Nr., Artikelbezeichnungen und Einzelpreise SUCHEN( ) zu können, mußten eine Reihe von Namen für die einzelnen Bereiche (Art. Nr., Art. bez. und Einzelpr.) vergeben werden.
Der erste NAME wurde im Rechnungsformular für die dort einzugebende Lfd. Nr. (die als Suchschlüssel dient) vergeben. Der NAME (art) gilt für die Spalte 6 im Bereich der Zeilen 11:19. Innerhalb dieses Bereichs können später die Lfd. Nr. der verkauften Artikel eingegeben werden.

!Zeile 20 und folgende sind nicht mehr definiert!

Durch die zweite Namensvergabe (artnr) kann später im Rechnungsformular die zur eingegebenen Lfd. Nr. gehörige Art. Nr. gesucht werden.
Der NAME (text) ermöglicht das Suchen des zur Lfd. Nr. gehörigen Textes und dessen Erscheinen im Rechnungsformular.
Als letztes mußte auch der Einzelpreis mit einem Namen versehen werden, da dieser ja auch nach Eingabe der Lfd. Nr. ins Rechnungsformular übernommen werden soll.

4.5 Das Multiplan-Lernziel:
Anwendung der Funktion **SUCHEN**

Aufgabe:

Durch die Funktion SUCHEN soll aus einer Tabelle, die durch Namensvergabe festgelegt wurde, die Artikelnummer herausgesucht werden.

Ausführung:

1. Ändern Sie **FORMAT BREITE DER SPALTEN:** *5* auf **Standard:** *3*.
2. Geben Sie in Z11S6 eine *1* ein.
3. Positionieren Sie den Cursor auf Feld Z11S7.
4. Wählen Sie den Befehl **Wert** an, und geben Sie folgende Formel ein:

    SUCHEN(art;artnr)

Wie Sie sehen, ist die entsprechende *Artikelnummer* zur *Lfd. Nr.* herausgesucht worden. Vergleichen Sie *Lfd. Nr.* und *Artikelnummer* mit der Liste links auf dem Bildschirm.

Anmerkung zur Fehlermeldung NAME?:

Sollten Sie die Fehlermeldung **NAME?** auf dem Bildschirm haben, müssen Sie unbedingt überprüfen, ob alle Namen mit den richtigen Bereichseingaben vergeben worden sind.
(N für Name, mehrfaches Drücken der Cursorsteuertasten)

Haben Sie alle Eingaben richtig vorgenommen, zeigt Ihr Bildschirm an:

```
 -1    1   2           3              4    5  6      7
   5 Lfd. Art.                      Einzel-
   6 Nr.  Nr.  Artikelbezeichnung   preis    R E C H N U N G
   7 -------------------------------------   -----------------
   8    1 1475 Luxus-Körperlotion      6,9   Lfd     Art.
   9    2 1437 Malven-Körperlotion     7,5   Nr.     Nr.
  10    3 1425 Rosmarinwein            9,5   -----------------
  11    4 1458 Feuchtigkeitslotion     7,8    1      1475
  12    5 1459 Körpermilch             5,9
  13    6 1422 Kamillen-Creme          8,5
  14    7 1414 Johannniskraut          7,5
  15    8 1415 Honig-Maske             8,9
  16    9 1416 Distelöl                5,5
  17   10 1456 Regenerationscreme      5,9
  18   11 1432 Feuchtigkeitsmaske        7
  19   12 1441 Kampfer-Maske           8,9
  20   13 1489 Flowery-Skin-Lotion     5,9
  21   14 1499 Mandelkleie             4,5
  22   15 1478 Gurken-Maske            5,5
```

WERT: SUCHEN(art;artnr)

Formel eingeben
Z11S7   SUCHEN(art;artnr)   94% frei   Multiplan:

Bild 4.7

!! Bitte denken Sie an die Datensicherung !!

(Übertragen Speichern Dateiname)

4.6 Das Multiplan-Lernziel:
Kopieren von Formeln nach unten

Aufgabe:

Wenn die eingegebene Formel entsprechend kopiert wird, erscheint die Fehlermeldung NV! auf dem Bildschirm.

Ausführung:

1. Positionieren Sie den Cursor auf Feld Z11S7.
2. Wählen Sie den Befehl **KOPIE NACH UNTEN** aus, und tragen Sie bei **Anzahl der Kopien: 8** ein.
   Es erscheint in den kopierten Feldern die Fehlermeldung **NV!**, das bedeutet ein Nichtvorhandensein eines Wertes, in diesem Fall der laufenden Nummer.
3. Positionieren Sie den Cursor auf Feld Z12S6, und geben Sie dort die Nummer *10* ein.

Sie sehen also, sobald Sie eine *laufende Nummer* eingeben, wird der Wert **NV!** mit der dazugehörigen *Artikelnummer* überschrieben.
Wenn Sie alle Eingaben richtig vorgenommen haben, sollte der Ausdruck Ihres Bildschirms wie folgt aussehen:

```
 -1   1   2              3            4    5 6      7
  5 Lfd. Art.                      Einzel-
  6 Nr.  Nr.  Artikelbezeichnung   preis    R E C H N U N G
  7 -----------------------------------    -----------------
  8    1 1475 Luxus-Körperlotion      6,9   Lfd    Art.
  9    2 1437 Malven-Körperlotion     7,5   Nr.    Nr.
 10    3 1425 Rosmarinwein            9,5   -----------------
 11    4 1458 Feuchtigkeitslotion     7,8    1     1475
 12    5 1459 Körpermilch             5,9   10     1456
 13    6 1422 Kamillen-Creme          8,5          NV!
 14    7 1414 Johannniskraut          7,5          NV!
 15    8 1415 Honig-Maske             8,9          NV!
 16    9 1416 Distelöl                5,5          NV!
 17   10 1456 Regenerationscreme      5,9          NV!
 18   11 1432 Feuchtigkeitsmaske        7          NV!
 19   12 1441 Kampfer-Maske           8,9          NV!
 20   13 1489 Flowery-Skin-Lotion     5,9
 21   14 1499 Mandelkleie             4,5
 22   15 1478 Gurken-Maske            5,5
```

Bild 4.8

```
BEFEHL: Text Ausschnitt Bewegen Druck Einfügen Format Gehezu Hilfe Kopie Löschen
        Name Ordnen Quit Radieren Schutz übertragen Verändern Wert Xtern Zusätze
Einen Befehl auswählen oder Anfangsbuchstaben eingeben
Z11S7    SUCHEN(art;artnr)           94% frei      Multiplan:
```

!! Bitte denken Sie an die Datensicherung !!

(Übertragen Speichern Dateiname)

4.7 Was haben Sie mit den bisherigen Eingaben erreicht?

In Feld Z11S7 wurde die Formel zum Suchen der Artikelnummer (SUCHEN (art;artnr)) eingegeben. Der NAME art steht für die einzugebende laufende Nummer (Lfd. Nr.) im Rechnungsformular, der NAME artnr steht für die zur laufenden Nummer (Lfd. Nr.) gehörigen Artikelnummer (Art. Nr.) aus der Tabelle. Sehen Sie sich bitte hierzu das Bild 4.7 an.

Sobald nun in Feld Z11S6 eine laufende Nummer eingegeben wird, im vorliegenden Fall die Lfd. Nr. 1, erscheint die dazugehörige Artikelnummer, hier Art. Nr. 1475.

Es kann nun in Feld Z11S6 abwechselnd jede beliebige laufende Nummer aus der Tabelle eingegeben werden, und immer würde die entsprechende Artikelnummer dazu erscheinen.

Die in Z11S7 eingegebene Formel kann natürlich bis in Zeile 19 nach unten kopiert werden, sie muß nicht immer wieder neu eingegeben werden.

Sobald Sie die Formel nach unten kopieren, erscheint die Fehlermeldung NV! (nicht vorhandener Wert). Die Fehlermeldung bezieht sich auf das Fehlen der laufenden Nummer (Lfd. Nr.) in Spalte 6.

Wenn Sie dieses Rechnungsformular nun ausdrucken, werden die Fehlermeldungen auch auf dem Papier erscheinen. Das ist nicht sehr wünschenswert.

In einem solchen Fall kommt die Funktion WENN zum Einsatz, die in den folgenden Kapiteln näher erläutert wird.

4.8 Das Multiplan-Lernziel:
Einsetzen der Funktion **WENN**

Aufgabe:
Um die Fehlermeldung **NV!** zu unterdrücken, können Sie die eingegebene Formel um die Funktion **WENN** erweitern.

Ausführung:
1. Positionieren Sie den Cursor auf Feld Z11S7.
2. Wählen Sie den Befehl **Wert** aus.
3. Sehen Sie sich die Formel in der unteren linken Bildschirmecke an; sie soll erweitert werden.
4. Schreiben Sie die folgende Formel hinter den Befehl **Wert:**

   WENN(art>0;SUCHEN(art;artnr);" ")
5. Bestätigen Sie den Eintrag mit der **RETURN**-Taste.

Die Formel von links nach rechts gelesen bedeutet:
Wenn die Eingabe der *Lfd. Nr.* (art) größer (>) ist als 0; suche die entsprechende *Art. Nr.* (artnr) zur *Lfd. Nr.* heraus; ist keine Eintragung einer *Lfd. Nr.* erfolgt, gib ein leeres Feld (" ") aus.

6. Kopieren Sie die Formel bis in Zeile 19 **Nach Unten.**
7. Geben Sie in Feld Z12S6 eine *2* ein.

Wenn Sie alle Eingaben richtig vorgenommen haben, sieht der Ausdruck
Ihres Bildschirms wie folgt aus:

```
-1   6       7                 8              9      10        11
  5
  6 R E C H N U N G                    NR:      1324
  7 ------------------------------------------------------------------
  8 Lfd    Art.                                    Einzel-   Gesamt-
  9 Nr.    Nr.    Artikelbezeichnung      Menge     Preis     Preis
 10 ------------------------------------------------------------------
 11 1      1475
 12 2      1437
 13
 14
 15
 16
 17
 18
 19
 20
 21
 22
```

BEFEHL: Text Ausschnitt Bewegen Druck Einfügen Format Gehezu Hilfe Kopie Löschen
        Name Ordnen Quit Radieren Schutz übertragen Verändern Wert Xtern Zusätze
Einen Befehl auswählen oder Anfangsbuchstaben eingeben
Z12S6   2   94% frei   Multiplan:

Bild 4.9

!! Bitte denken Sie an die Datensicherung !!

(**Übertragen Speichern** Dateiname)

4.9 Das Multiplan-Lernziel:
Anwendung des Befehls **Verändern** in Verbindung mit den
Tastenkombinationen **CTRL-H, -K, -L**

Aufgabe:
Wenn Sie einen Fehler bei der Formeleingabe, bei der Eingabe von Zahlenwerten oder bei der Eingabe von Texten gemacht haben, müssen Sie nicht
die gesamte Eingabe neu vornehmen. Sie haben vielmehr die Möglichkeit,
Korrekturen einzelner Zeichen vorzunehmen.

Ausführung:
1. Positionieren Sie den Cursor auf Feld Z11S7.
2. Wählen Sie den Befehl **Verändern** aus.
3. Halten Sie die **CTRL**-Taste gedrückt, und betätigen Sie gleichzeitig die
   Taste **K** so lange, bis der Cursor auf dem **S** des Wortes **SUCHEN** steht,
   und löschen Sie mit der Rücktaste alle Eingaben vor dem Wort **SUCHEN**.
   Jetzt steht im Befehl **Verändern SUCHEN(art;artnr);" "**.
5. Halten Sie weiterhin die **CTRL**-Taste gedrückt, und betätigen Sie die
   Taste **L**, bis sich der Cursor rechts neben der äußeren Klammer befindet.
6. Halten Sie die **CTRL**-Taste gedrückt, und betätigen Sie gleichzeitig die
   Taste **H**, bis nur noch die ursprüngliche Formel:

   SUCHEN(art;text)

   hinter dem Befehl **Verändern** steht.

   !!! Nicht RETURN drücken !!!
7. Da die Formel nicht geändert werden soll, drücken Sie nun die **ESC**-
   Taste, um in das Hauptbefehlsmenü zurückzugelangen.

Auf diese Art können Sie also Feldinhalte mit Texten oder Formeln ändern,
ohne alles noch einmal eingeben zu müssen.
Es gibt außer der Tastenkombination **CTRL-H, -K, -L** noch weitere Kombi-
nationsmöglichkeiten.

Wählen Sie den Befehl **Hilfe** aus. Drücken Sie dann die Taste **T** für den Unterbefehl **Tastatur**. Drücken Sie dann so lange **N** für **Nächste Seite**, bis die folgende Bildschirmanzeige erscheint:


```
Zum naechsten Befehl TAB, CTRL-I, CTRL-A
     springen
Hilfe                  ?
Neuberechnen           !

AENDERN VON FELDINHALTEN
Loeschen               DELETE, CTRL-Y
Ruecktaste             BACKSPACE, CTRL-H
Rechtes Zeichen        CTRL-L
Linkes Zeichen         CTRL-K
Rechtes Wort           CTRL-P
Linkes Wort            CTRL-O
Referenz               @,CTRL-G


HILFE: Wiederaufnahme Erklärung_Hilfe Nächste_Seite Vorhergehende_Seite
       Lösungen Befehle Ändern_Vorschläge Formeln Tastatur
Einen Befehl auswählen oder Anfangsbuchstaben eingeben
Z1256    2                             94% frei      Multiplan:
```

Bild 4.10

Anmerkung zum Befehl Hilfe

Sie haben in Multiplan die Möglichkeit, von jedem Befehl oder Unterbefehl aus die Hilfsfunktion anzuwählen, indem Sie die Taste **H** für **Hilfe**
oder das **?** betätigen.
Sehen Sie sich unter der Befehlsfolge **Hilfe Tastatur Nächste Seite** auch die
Angaben zur Belegung der Funktionstasten **F1** bis **F10** an.

4.10 Das Multiplan-Lernziel:
Funktionen **SUCHEN** und **WENN**, Kopieren von Feldern mit
Formelinhalt

Aufgabe:
Es soll eine Formel eingegeben werden, die die Funktionen **SUCHEN** und
WENN beinhaltet.
1. Positionieren Sie den Cursor auf Feld Z11S8.
2. Wählen Sie den Befehl **Wert** aus.
3. Geben Sie die Formel:

    WENN(art>Ø;SUCHEN(art;text);" ")

    ein, und schließen Sie die Eingabe durch Betätigen der **RETURN**-Taste
    ab.

Die Formel bedeutet, daß der entsprechende *Text* zur *Lfd. Nr.* herausgesucht wird.

4. Wählen Sie den Befehl **KOPIE NACH UNTEN** an, und geben Sie in
    Anzahl Kopien: *8* ein.

Wenn Sie mit dem Cursor nach unten fahren, können Sie anhand der Anzeige
in der linken unteren Bildschirmecke überprüfen, ob die Kopie bis in Zeile 19
erfolgt ist.

   !! Bitte die Formeln in Spalten 7 und 8 schützen !!

Benutzen Sie den Befehl **SCHUTZ Felder Status: Geschützt.**

Anmerkung zum Befehl Verändern:

Wenn Sie sich die Formel in der linken unteren Bildschirmecke ansehen, werden Sie bemerken, daß diese nicht vollständig erscheint.

5. Positionieren Sie den Cursor auf Feld Z12S8.
6. Wenn Sie den Befehl **Verändern** auswählen, erscheint die Formel in ihrer
    ganzen Länge auf dem Bildschirm.

Sie können im Veränderungs-Modus auch den Inhalt von Feldern korrigieren.
Ihr Bildschirm sieht wie folgt aus:

```
-1   6      7                    8              9      10        11
  8 Lfd    Art.                                      Einzel-   Gesamt-
  9 Nr.    Nr.    Artikelbezeichnung          Menge   Preis     Preis
 10 ------------------------------------------------------------------
 11  1     1475   Luxus-Körperlotion
 12  2     1437   Malven-Körperlotion
 13
 14
 15
 16
 17
 18
 19
 20
 21
 22
 23
 24
 25
```

```
VERÄNDERN: WENN(art)0;SUCHEN(art;text);"")

Formel eingeben
Z125B    WENN(art)0;SUCHEN(art;text);    92% frei      Multiplan:
```

Bild 4.11

!! Bitte denken Sie an die Datensicherung !!

(Übertragen Speichern Dateiname)

4.11 Das Multiplan-Lernziel:
Anwendung der Funktionen **SUCHEN** und **WENN**; Kopieren von
Feldern mit Formelinhalt

Aufgabe:
Es soll eine Formel mit den Funktionen **WENN** und **SUCHEN** eingegeben
werden.

Ausführung:
1. Positionieren Sie den Cursor auf Feld Z11S10.
2. Geben Sie die folgende Formel ein:

   WENN(art>0;SUCHEN(art;ezpreis);" ")
3. Kopieren Sie die Formel bis in Zeile 19.
4. Formatieren Sie die Felder Z11:19S10 als **Fest** mit *2 Dez-Stellen*.
5. Schützen Sie die Felder mit Formeleintrag durch den Befehl **SCHUTZ
   FELDER:** *Z11:19S10* **Status: Geschützt.**

Wenn Sie alle Eingaben richtig vorgenommen haben, sollte der Ausdruck
Ihres Bildschirms wie folgt aussehen:

```
-1   6       7                  8              9      10       11
  8 Lfd    Art.                                     Einzel-  Gesamt-
  9 Nr.     Nr.   Artikelbezeichnung         Menge   Preis    Preis
 10 ---------------------------------------------------------------
 11  1     1475   Luxus-Körperlotion                  6,90
 12  2     1437   Malven-Körperlotion                 7,50
 13
 14
 15
 16
 17
 18
 19
 20
 21
 22
 23
 24
 25
```

VERÄNDERN: WENN(art)0;SUCHEN(art;ezpreis);"")

Formel eingeben
Z12S10   WENN(art)0;SUCHEN(art;ezprei   92% frei   Multiplan:

Bild 4.12

!! **Bitte denken Sie an die Datensicherung** !!

(Übertragen Speichern Dateiname)

4.12 Was Sie mit den bisherigen Eingaben erreicht haben!

Sie haben mit Hilfe der Funktion SUCHEN( ) zur jeweiligen laufenden Nummer (Lfd. Nr.) die Artikelnummer (Art. Nr.), die Artikelbezeichnungen und die Einzelpreise herausgesucht.
Dadurch, daß Sie die Formeln um die Funktion WENN erweitert haben, haben Sie die Fehlermeldung NV! unterdrückt und wären nun in der Lage, Ihr Rechnungsformular auch schon nach nur zwei Eintragungen auszudrucken, ohne die Fehlermeldung NV! mit auf das Papier zu übernehmen.

4.13 Das Multiplan-Lernziel:
Eingabe einer Formel zur Multiplikation

Aufgabe:
Die Menge soll mit dem Einzelpreis multipliziert werden, aber nur dann, wenn eine Eintragung unter der Lfd. Nr. erfolgt ist.

Ausführung:
1. Positionieren Sie den Cursor auf Feld Z11S11.
2. Wählen Sie den Befehl **Wert** aus.
3. Multiplizieren Sie den *Einzelpreis* mit der *Menge*.
4. Kopieren Sie die Formel um *8* Zeilen **Nach Unten**.
5. Gehen Sie in den Befehl **FORMAT FELDER**, wählen Sie den **Format-code: DM** aus; denken Sie an die Bereichsangabe!

Da noch keine *Menge* eingegeben wurde, ist der *Gesamtpreis* in Zeilen 11:12 = 0.
Um die Anzeige der *0,00 DM* in den nicht aktiven Feldern auszuschließen, muß die Formel in Feld Z11S11 erweitert werden.

6. Positionieren Sie den Cursor auf Feld Z11S11.
7. Geben Sie die folgende Formel ein:

   WENN(art>0;ZS(−2) * ZS(−1);" ")

8. Kopieren Sie die Formel um *8* Zeilen **Nach Unten**.
9. Schützen Sie die Formeln in Spalte 11 (Bild 4.14).

Der Ausdruck Ihres Bildschirms sollte wie folgt aussehen:

```
-1  6      7                8          9        10       11
 8 Lfd   Art.                                 Einzel-  Gesamt-
 9 Nr.    Nr.    Artikelbezeichnung    Menge   Preis    Preis
10 -------------------------------------------------------------
11  1    1475    Luxus-Körperlotion             6,90        0
12  2    1437    Malven-Körperlotion            7,50        0
13
14
15
17

18
19
20
21
22
23
24
25
```

Bild 4.13

BEFEHL: Text Ausschnitt Bewegen Druck Einfügen Format Gehezu Hilfe Kopie Löschen
        Name Ordnen Quit Radieren Schutz übertragen Verändern Wert Xtern Zusätze
Einen Befehl auswählen oder Anfangsbuchstaben eingeben
Z11S9   92% frei   Multiplan:

Nach Durchführung der Multiplikation erhält man folgende Bildschirme:

```
-1  6      7                8          9        10       11
 3
 4
 5
 6 R E C H N U N G           NR:    1324
 7 -------------------------------------------------------------
 8 Lfd   Art.                                 Einzel-  Gesamt-
 9 Nr.    Nr.    Artikelbezeichnung    Menge   Preis    Preis
10 -------------------------------------------------------------
11  1    1475    Luxus-Körperlotion             6,90     0,00 DM
12  2    1437    Malven-Körperlotion            7,50     0,00 DM
13                                                       0,00 DM
14                                                       0,00 DM
15                                                       0,00 DM
16                                                       0,00 DM
17                                                       0,00 DM
18                                                       0,00 DM
19                                                       0,00 DM
20
```

Bild 4.14

BEFEHL: Text Ausschnitt Bewegen Druck Einfügen Format Gehezu Hilfe Kopie Löschen
        Name Ordnen Quit Radieren Schutz übertragen Verändern Wert Xtern Zusätze
Einen Befehl auswählen oder Anfangsbuchstaben eingeben
Z20S11   91% frei   Multiplan:

!! Bitte denken Sie an die Datensicherung !!

(**Übertragen Speichern** Dateiname)

4.14 Das Multiplan-Lernziel:
Anwendung der Funktion **SUMME** (Liste)

Aufgabe:

Die Gesamtpreise sollen mit Hilfe der Funktion **SUMME** addiert werden.

Ausführung:

1. Geben Sie folgende *Lfd. Nr.* und *Menge* ein:

zu	*1*	*20*
zu	*2*	*5*
	16	*3*
	12	*50*
	7	*12*
	10	*100*
	5	*20*
	9	*50*

    und geben Sie in Feld Z19S11 die Unterstreichung ein.

2. Positionieren Sie den Cursor auf Feld Z20S11, und addieren Sie mit Hilfe der Funktion **SUMME** die Zahlenwerte in Spalte 11 (**SUMME (Z(−9)S:Z(−2)S)**).

3. Formatieren Sie die Summe als DM-Betrag.

4. Schützen Sie die Summenformel.

Ihr Bildschirm:

```
-1  6      7            8            9      10       11
   6 R E C H N U N G            NR:      1324
 7 ---------------------------------------------------------
 8 Lfd   Art.                          Einzel-  Gesamt-
 9 Nr.   Nr.   Artikelbezeichnung   Menge   Preis    Preis
10 ---------------------------------------------------------
11  1    1475  Luxus-Körperlotion     20      6,90    138,00 DM
12  2    1437  Malven-Körperlotion     5      7,50     37,50 DM
13 16    1478  Gurken-Maske            3      5,50     16,50 DM
14 12    1441  Kampfer-Maske          50      8,90    445,00 DM
15  7    1414  Johannniskraut         12      7,50     90,00 DM
16 10    1456  Regenerationscreme    100      5,90    590,00 DM
17  5    1459  Körpermilch            20      5,90    118,00 DM
18  9    1416  Distelöl               50      5,50    275,00 DM
19                                                  -----------
20                                                   1710,00 DM
21
22
23
```

VERÄNDERN: SUMME(Z(-9)S:Z(-2)S)

Formel eingeben
Z20S11   SUMME(Z(-9)S:Z(-2)S)   90% frei   Multiplan:

Bild 4.15

4.15 Was Sie bisher mit Ihren Eingaben erreicht haben!

Nachdem die Formeln für die Funktion SUCHEN nun alle eingegeben sind, und die Fehlermeldung NV! durch Erweiterung der Formeln mit der Funktion WENN unterdrückt wurde, haben wir dem Arbeitsblatt eine zusätzliche Formel hinzufügen können.

Um den Gesamtpreis zu errechnen, mußte die einzugebende Menge der verkauften Artikel mit dem Einzelpreis multipliziert werden. Diese Formel konnte ebenfalls innerhalb des definierten Bereichs, nämlich bis in Zeile 19, kopiert werden.

Dann haben Sie die Ihnen schon bekannte Funktion SUMME( ) zur Addition der Gesamtpreise eingesetzt und den Nettorechnungsbetrag dadurch erhalten.

4.16 Das Multiplan-Lernziel:
Eingabe von Formeln zur Multiplikation und Addition

Aufgabe:
Zur Berechnung der Mehrwertsteuer (MwSt.) wird eine Multiplikation durchgeführt. Außerdem soll der Gesamtpreis ermittelt werden.

Ausführung:
1. Geben Sie in Feld Z20S8 den **Text** *Nettopreis*, in das Feld Z21S8 den **Text** *MwSt.* und in das Feld Z24S8 den **Text** *Gesamtpreis* ein.
2. Positionieren Sie den Cursor auf Feld Z22S8, und formatieren Sie das Feld als Prozentwert: **FORMAT FELDER Formatcode: %.** Geben Sie die Zahl *0,14* in dieses Feld ein.
3. Positionieren Sie den Cursor auf Feld Z22S11, multiplizieren Sie den *Nettopreis* mit den *14 % MwSt.*
4. Geben Sie in Feld Z23S11 die Unterstreichung ein.
5. Positionieren Sie den Cursor auf Feld Z24S11, und addieren Sie *Nettopreis* und *MwSt-Betrag.*
6. Formatieren Sie die errechneten Werte als DM-Beträge.
7. Geben Sie in Feld Z25S11 die doppelte Unterstreichung ein.

Wenn Sie alle Eingaben richtig vorgenommen haben, sollte der Ausdruck
Ihres Bildschirms wie folgt aussehen:

```
-1   6       7                8            9      10        11
  8 Lfd    Art.                                 Einzel-   Gesamt-
  9 Nr.    Nr.    Artikelbezeichnung       Menge  Preis     Preis
 10 ---------------------------------------------------------------
 11  1     1475   Luxus-Körperlotion        20    6,90     138,00 DM
 12  2     1437   Malven-Körperlotion        5    7,50      37,50 DM
 13 16     1478   Gurken-Maske               3    5,50      16,50 DM
 14 12     1441   Kampfer-Maske             50    8,90     445,00 DM
 15  7     1414   Johannniskraut            12    7,50      90,00 DM
 16 10     1456   Regenerationscreme       100    5,90     590,00 DM
 17  5     1459   Körpermilch               20    5,90     118,00 DM
 18  9     1416   Distelöl                  50    5,50     275,00 DM
 19                                                       -----------
 20               Nettopreis                               1710,00 DM
 21               MwSt.
 22                      14%                                239,40 DM
 23                                                       -----------
 24               Gesamtpreis                              1949,40 DM
 25                                                       ===========

VERÄNDERN: Z(-4)S+Z(-2)S


Formel eingeben
Z24S11    Z(-4)S+Z(-2)S              90% frei     Multiplan:
```

Bild 4.16

4.17 Was Sie bisher erreicht haben!

Sie haben Ihr Rechnungsformular nun noch um die Berechnung von 14 % MwSt ergänzt, um den Bruttorechnungspreis zu erhalten.

Damit wäre dieses Arbeitsblatt, das eine Tabelle von Artikeln mit dazugehörigen Preisen und ein Rechnungsformular umfaßt, in das sämtliche Angaben der Tabelle automatisch übernommen werden, abgeschlossen.

4.18 Übung III

Zur Funktion SUCHEN

Legen Sie mit Hilfe des Bildschirmausdrucks 4.17 eine Datei mit dem Namen **Vorkalk** an.

Es soll erreicht werden, daß nach Eingabe der Anzahl eines bestimmten Artikels der entsprechende Rabattsatz gesucht wird und gleichzeitig der Gesamtpreis und die Stückkosten berechnet werden.

Zur Erstellung der Datei sind die folgenden Formeln einzugeben:

%-Satz Rabatt	=	**SUCHEN(ZS(−1);tabelle)**
Rabatt in DM	=	**anzahl ∗ stückpreis ∗ prozent**
Gesamtpreis	=	**anzahl ∗ stückpreis−ZS(−1)**
Stückkosten	=	**ZS(−1)/ZS(−4)**

Zusatzaufgabe:

Erweitern Sie die Funktion **SUCHEN** so, daß die Fehlermeldung **NV!** nicht auf dem Bildschirm erscheint.

Versuchen Sie auch die Fehlermeldungen **WERT!** bzw. **DIV/0!** in den Spalten 3 bis 5 zu unterdrücken.

```
 -1       1         2         3         4         5          6          7
  1 Ermittlung unterschiedlicher Mengenrabatte
  2 Vorkalkulation
  3                                                              Stückpreis
  4                                                               5,00 DM
  5             %-Satz    Rabatt    Gesamt-   Stück-
  6 Anzahl      Rabatt    in DM     preis     kosten    Rabattstaffelung
  7 ----------------------------------------------------------------
  8   100        2,0%       10,00     490,00   4,90 DM
  9 20000       20,0%    20000,00   80000,00   4,00 DM        1        0,0%
 10   999        2,0%       99,90    4895,10   4,90 DM      100        2,0%
 11   100        2,0%       10,00     490,00   4,90 DM     1000        5,0%
 12    50        0,0%        0,00     250,00   5,00 DM    10000       10,0%
 13 10000       10,0%     5000,00   45000,00   4,50 DM    20000       20,0%
 14 ----------------------------------------------------------------
 15
 16
 17
 18

BEFEHL: Text Ausschnitt Bewegen Druck Einfügen Format Gehezu Hilfe Kopie Löschen
        Name Ordnen Quit Radieren Schutz übertragen Verändern Wert Xtern Zusätze
Einen Befehl auswählen oder Anfangsbuchstaben eingeben
Z1S53                              97% frei       Multiplan:
```

Bild 4.17

5 Anwendung der Befehle Bewegen, Ordnen, Einfügen und Löschen

Auf dem nächsten Arbeitsblatt legen Sie sich eine Ausgangsdatei oder Muster-datei an, die als Maske gilt und immer wieder in ihrer ursprünglichen Form in den Arbeitsspeicher geladen werden kann. Diese Vorgehensweise können Sie später auch beim Anlegen eigener Dateien verwenden.
Die anzulegende Ausgangsdatei wird dazu dienen, die Befehle **Bewegen, Ordnen, Einfügen** und **Löschen** eingehend zu üben.

5.1 Das Multiplan-Lernziel:
Anlegen einer Datei und Bewegen von Spalten

Aufgabe:
Legen Sie anhand des Bildes 5.1 eine Datei mit dem Namen *Muster* an.

```
 -1      1       2       3       4       5       6       7
  1
  2 Anzahl    Art.Nr.    Kunde
  3 ------------------------------
  4      25       4518 Meier
  5      12       4544 Schmidt
  6      78       4516 Weber
  7     195       4517 Lose
  8      23       4511 Mittner
  9      66       4533 Teigner
 10      14       4576 Wohlers
 11       1       4545 Bittner
 12      78       4551 Zwiesel
 13       6       4553 Klose
 14      26       4512 Weinert
 15
 16
 17
 18

BEFEHL: Text Ausschnitt Bewegen Druck Einfügen Format Gehezu Hilfe Kopie Löschen
        Name Ordnen Quit Radieren Schutz übertragen Verändern Wert Xtern Zusätze
Einen Befehl auswählen oder Anfangsbuchstaben eingeben
Z253     "Kunde"                        99% frei      Multiplan:
```

Bild 5.1

Ausführung:

1. Speichern Sie die Datei unter dem Namen *Muster* ab.
2. Positionieren Sie den Cursor auf Feld Z2A1.
3. Wählen Sie den Befehl **Bewegen** aus.
4. Drücken Sie die Taste **S** für Spalte.

Sie wollen die Eintragungen der Spalte 1 hinter die Spalte 3 bringen.

5. Nehmen Sie im Unterbefehlsmenü die folgenden Eintragungen vor:

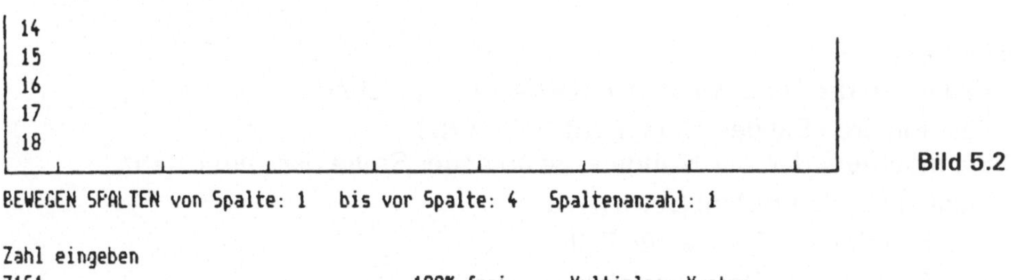

```
14
15
16
17
18
```

Bild 5.2

```
BEWEGEN SPALTEN von Spalte: 1   bis vor Spalte: 4   Spaltenanzahl: 1

Zahl eingeben
Z1S1                          100% frei      Multiplan: Muster
```

Nach Betätigen der **Return**-Taste sollte Ihre Datei mit Bild 5.3 identisch sein.

```
-1      1       2       3       4       5       6       7
 1
 2 Art.Nr.   Kunde    Anzahl
 3 ------------------------------
 4     4518 Meier        25
 5     4544 Schmidt      12
 6     4516 Weber        78
 7     4517 Lose        195
 8     4511 Mittner      23
 9     4533 Teigner      66
10     4576 Wohlers      14
11     4545 Bittner       1
12     4551 Zwiesel      78
13     4553 Klose         6
14     4512 Weinert      26
15
16
17
18
```

Bild 5.3

```
BEFEHL: Text Ausschnitt Bewegen Druck Einfügen Format Gehezu Hilfe Kopie Löschen
        Name Ordnen Quit Radieren Schutz übertragen Verändern Wert Xtern Zusätze
Einen Befehl auswählen oder Anfangsbuchstaben eingeben
Z2S1     "Art.Nr."                  98% frei      Multiplan:
```

!! Bitte denken Sie an die Datensicherung !!

(Speichern Sie die Datei unter dem Namen *Muster* ab.)

5.2 Das Multiplan-Lernziel:
Bewegen einer Zeile

Aufgabe:

Ein Datensatz soll an eine andere Stelle der Datei gebracht werden.

Ausführung:

1. Laden Sie die Datei *Muster* in den Arbeitsspeicher.
2. Positionieren Sie den Cursor auf Feld Z7S1.
   Sie möchten, daß der Kunde Lose an erster Stelle der Datei steht.
3. Wählen Sie den Befehl **Bewegen** aus.
4. Drücken Sie die Taste **Z** für Zeile.
5. Ihre Eingaben sollten wie folgt aussehen:

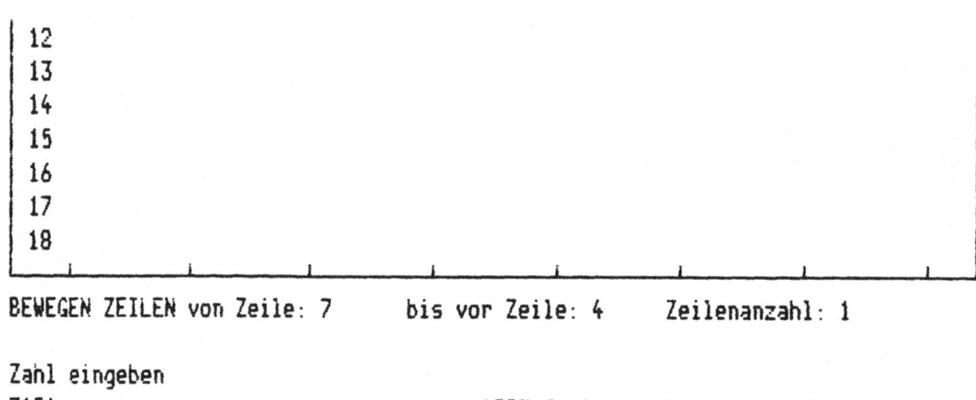

Bild 5.4

6. Nachdem Sie den Befehl mit der **Return**-Taste bestätigt haben, sollte Ihr Bildschirm mit Bild 5.5 übereinstimmen.

```
 -1       1         2         3         4         5         6         7
  1
  2 Art.Nr.   Kunde     Anzahl
  3 ------------------------------
  4      4517 Lose         195
  5      4518 Meier         25
  6      4544 Schmidt       12
  7      4516 Weber         78
  8      4511 Mittner       23
  9      4533 Teigner       66
 10      4576 Wohlers       14
 11      4545 Bittner        1
 12      4551 Zwiesel       78
 13      4553 Klose          6
 14      4512 Weinert       26
 15
 16
 17
 18

BEFEHL: Text Ausschnitt Bewegen Druck Einfügen Format Gehezu Hilfe Kopie Löschen
        Name Ordnen Quit Radieren Schutz Übertragen Verändern Wert Xtern Zusätze
Einen Befehl auswählen oder Anfangsbuchstaben eingeben
Z351      "----------"                  98% frei       Multiplan:
```

Bild 5.5

!! Bitte denken Sie an die Datensicherung !!

(Speichern Sie die Datei unter dem Namen *Bewegen* ab.)

5.3 Das Multiplan-Lernziel:
Ordnen von Zahlenwerten

Aufgabe:
Die *Artikelnummern* der Spalte 2 sollen in aufsteigender Reihenfolge sortiert
werden.

Ausführung:

1. Laden Sie die Datei *Muster* in den Arbeitsspeicher.
2. Positionieren Sie den Cursor auf Feld Z4S2.
3. Wählen Sie den Befehl **Ordnen** aus, und machen Sie die folgenden Eingaben:

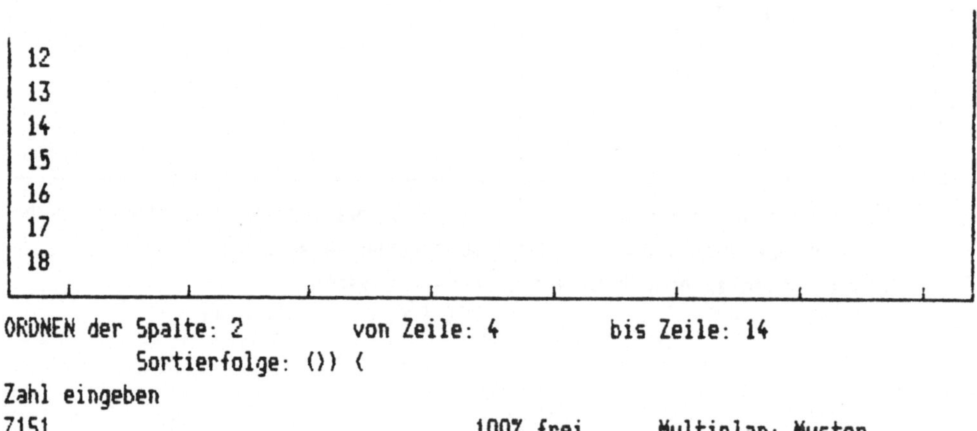

Bild 5.6

4. Nachdem Sie die Eingaben mit der **Return**-Taste bestätigt haben, sollte
   Ihr Bildschirm wie folgt aussehen:

```
 -1        1         2         3        4         5         6         7
  1
  2 Anzahl    Art.Nr.   Kunde
  3 ------------------------------
  4       23      4511 Mittner
  5       26      4512 Weinert
  6       78      4516 Weber
  7      195      4517 Lose
  8       25      4518 Meier
  9       66      4533 Teigner
 10       12      4544 Schmidt
 11        1      4545 Bittner
 12       78      4551 Zwiesel
 13        6      4553 Klose
 14       14      4576 Wohlers
 15
 16
 17
 18

BEFEHL: Text Ausschnitt Bewegen Druck Einfügen Format Gehezu Hilfe Kopie Löschen
        Name Ordnen Quit Radieren Schutz übertragen Verändern Wert Xtern Zusätze
Einen Befehl auswählen oder Anfangsbuchstaben eingeben
Z452    4511                        99% frei       Multiplan:
```

Bild 5.7

!! Bitte denken Sie an die Datensicherung !!

(Speichern Sie die Datei unter dem Namen *Ordnen1* ab.)

5.4 Das Multiplan-Lernziel:
Ordnen von Texten

Aufgabe:
Sie können nicht nur Zahlenwerte in auf- oder absteigender Reihenfolge
ordnen, sondern auch Texteingaben (hier Kundennamen) in alphabetischer
Reihenfolge (ebenfalls auf- oder absteigend) sortieren.

Ausführung:
1. Laden Sie die Datei *Muster* in den Arbeitsspeicher.
2. Positionieren Sie den Cursor auf Feld Z4S3.
3. Wählen Sie den Befehl **Ordnen** aus.
4. Nehmen Sie die folgende Eingabe vor:

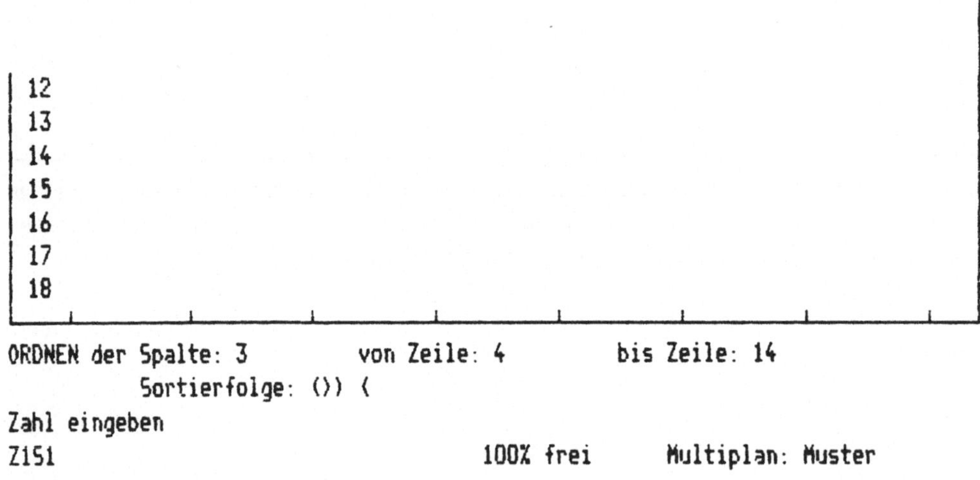

Bild 5.8

184

Anmerkung zum Ordnen von Texten

Wenn Sie Texte oder Zahlen in auf- oder absteigender Reihenfolge sortieren, müssen Sie eine bestimmte Spalte als Sortierkriterium auswählen. Das Ordnen selbst erfolgt zeilenweise, so daß alle Eintragungen in der Spalte rechts und links der zu ordnenden Spalte sich selbstverständlich in entsprechender Reihenfolge mitbewegen.

Nachdem Sie die **Return**-Taste bestätigt haben, sollte Ihr Bildschirm wie folgt aussehen:

```
-1       1        2        3        4        5        6        7
 1
 2 Anzahl    Art.Nr.    Kunde
 3 ------------------------------
 4        1       4545 Bittner
 5        6       4553 Klose
 6      195       4517 Lose
 7       25       4518 Meier
 8       23       4511 Mittner
 9       12       4544 Schmidt
10       66       4533 Teigner
11       78       4516 Weber
12       26       4512 Weinert
13       14       4576 Wohlers
14       78       4551 Zwiesel
15
16             .
17
18

BEFEHL: Text Ausschnitt Bewegen Druck Einfügen Format Gehezu Hilfe Kopie Löschen
        Name Ordnen Quit Radieren Schutz Übertragen Verändern Wert Xtern Zusätze
Einen Befehl auswählen oder Anfangsbuchstaben eingeben
Z453     "Bittner"                    99% frei        Multiplan:
```

Bild 5.9

!! Bitte denken Sie an die Datensicherung !!

(Speichern Sie die Datei unter dem Namen *Ordnen2* ab.)

5.5 Das Multiplan-Lernziel:
Einfügen von Zeilen in ein bestehendes Arbeitsblatt

Aufgabe:
Sie wollen zwischen den Kundennamen *Bittner* und *Klose* noch eine Zeile
einfügen.

Ausführung:
1. Laden Sie die Datei *Muster* in den Arbeitsspeicher.
2. Positionieren Sie den Cursor auf Feld Z5S3.
3. Wählen Sie den Befehl **Einfügen** aus.
4. Geben Sie ein **Z** für Zeile ein.
5. Bestätigen Sie dann die Eintragungen im Unterbefehlsmenü mit der
   Return-Taste:

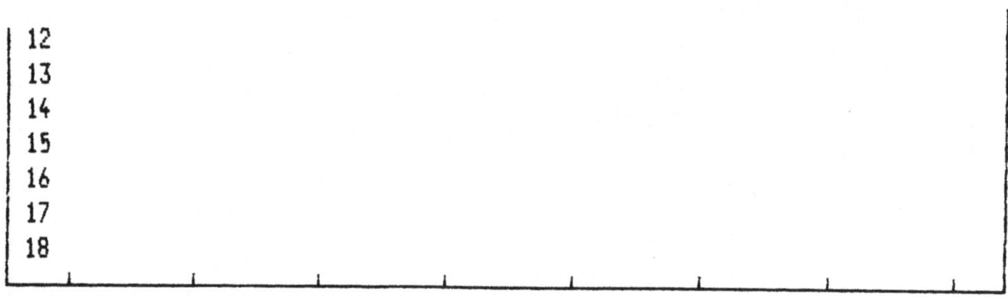

Bild 5.10

```
-1       1         2         3        4         5         6         7

 1
 2 Anzahl    Art.Nr.   Kunde
 3 ----------------------------
 4       1      4545 Bittner
 5
 6       6      4553 Klose
 7     195      4517 Lose
 8      25      4518 Meier
 9      23      4511 Mittner
10      12      4544 Schmidt
11      66      4533 Teigner
12      78      4516 Weber
13      26      4512 Weinert
14      14      4576 Wohlers
15      78      4551 Zwiesel
16
17
18

BEFEHL: Text Ausschnitt Bewegen Druck Einfügen Format Gehezu Hilfe Kopie Löschen
        Name Ordnen Quit Radieren Schutz übertragen Verändern Wert Xtern Zusätze
Einen Befehl auswählen oder Anfangsbuchstaben eingeben
Z551                          99% frei      Multiplan:
```

Bild 5.11

!! Bitte denken Sie an die Datensicherung !!

(Speichern Sie die Datei unter dem Namen *Einfügen* ab.)

5.6 Das Multiplan-Lernziel:
Einfügen von Spalten

Aufgabe:
Vor Spalte 3 soll eine neue Spalte eingefügt werden. Lassen Sie bitte die
Datei *Einfügen* im Arbeitsspeicher.

Ausführung:
1. Positionieren Sie den Cursor auf Feld Z5S3.
2. Wählen Sie den Befehl **Einfügen** aus.
3. Betätigen Sie die Taste **S** für Spalte.
4. Bestätigen Sie die vorgegebenen Eintragungen im Unterbefehlsmenü mit
   der **Return**-Taste.


```
| 12
| 13           '
| 14
| 15
| 16
| 17
| 18

EINFÜGEN SPALTE Spaltenanzahl: 1        vor Spalte: 3
                von Zeile: 1            bis Zeile: 255
Zahl eingeben
Z15S1                                   100% frei      Multiplan: Muster
```

Bild 5.12

```
      -1        1         2         3         4         5         6         7
   1
   2 Anzahl    Art.Nr.                  Kunde
   3 --------------------             ----------
   4         1    4545                 Bittner
   5
   6         6    4553                 Klose
   7       195    4517                 Lose
   8        25    4518                 Meier
   9        23    4511                 Mittner
  10        12    4544                 Schmidt
  11        66    4533                 Teigner
  12        78    4516                 Weber
  13        26    4512                 Weinert
  14        14    4576                 Wohlers
  15        78    4551                 Zwiesel
  16
  17
  18

BEFEHL: Text Ausschnitt Bewegen Druck Einfügen Format Gehezu Hilfe Kopie Löschen
        Name Ordnen Quit Radieren Schutz übertragen Verändern Wert Xtern Zusätze
Einen Befehl auswählen oder Anfangsbuchstaben eingeben
Z5S3                                    98% frei      Multiplan:
```

Bild 5.13

!! Bitte denken Sie an die Datensicherung !!

(Speichern Sie die Datei unter dem Namen *Einfügen* ab.)

5.7 Das Multiplan-Lernziel:
Löschen von Zeilen

Aufgabe:
Durch das Einfügen von Zeile 5 und Spalte 3 hätten Sie jetzt die Möglichkeit, dort Eintragungen vorzunehmen (z.B. die fehlenden Artikel in Spalte 3). Sie können das **Einfügen** aber auch wieder rückgängig machen, indem Sie den Befehl **Löschen** benutzen.

Ausführung:
1. Laden Sie die Datei *Einfügen* in den Arbeitsspeicher.
2. Positionieren Sie den Cursor auf Feld Z5S3.
3. Wählen Sie den Befehl **Löschen** aus.
4. Bestätigen Sie den Unterbefehl **Zeile** mit der **Return**-Taste.
5. Bestätigen Sie die vorgeschlagene Eintragung mit der **Return**-Taste. Damit haben Sie die eingefügte Zeile wieder gelöscht.
6. Positionieren Sie den Cursor auf Feld **Z4S3**.
7. Wählen Sie die Befehlsfolge **LÖSCHEN Zeile** aus und bestätigen Sie den Unterbefehl mit der **Return**-Taste.
8. Sie haben den Datensatz *Bittner* gelöscht, alle anderen Datensätze sind um eine Zeile aufgerückt.

```
-1       1        2       3        4       5       6       7
 1
 2 Anzahl    Art.Nr.            Kunde
 3 --------------------         ----------
 4        6     4553           Klose
 5      195     4517           Lose
 6       25     4518           Meier
 7       23     4511           Mittner
 8       12     4544           Schmidt
 9       66     4533           Teigner
10       78     4516           Weber
11       26     4512           Weinert
12       14     4576           Wohlers
13       78     4551           Zwiesel
14
15
16
17
18

BEFEHL: Text Ausschnitt Bewegen Druck Einfügen Format Gehezu Hilfe Kopie Löschen
        Name Ordnen Quit Radieren Schutz übertragen Verändern Wert Xtern Zusätze
Einen Befehl auswählen oder Anfangsbuchstaben eingeben
Z4S3                         99% frei        Multiplan:
```

Bild 5.14

!! Bitte denken Sie an die Datensicherung !!

(Speichern Sie die Datei unter dem Namen *Löschen* ab).

5.8 Das Multiplan-Lernziel:
Löschen von Spalten

Aufgabe:
Eine vorher eingefügte Spalte soll wieder gelöscht werden.

Ausführung:
1. Laden Sie die Datei *Löschen* in den Arbeitsspeicher.
2. Positionieren Sie den Cursor auf Feld Z5S3.
3. Wählen Sie die Befehlsfolge **LÖSCHEN Spalte** aus.
4. Bestätigen Sie die vorgegebene Eintragung mit der **Return**-Taste.

Die eingefügte Spalte ist wieder gelöscht worden.

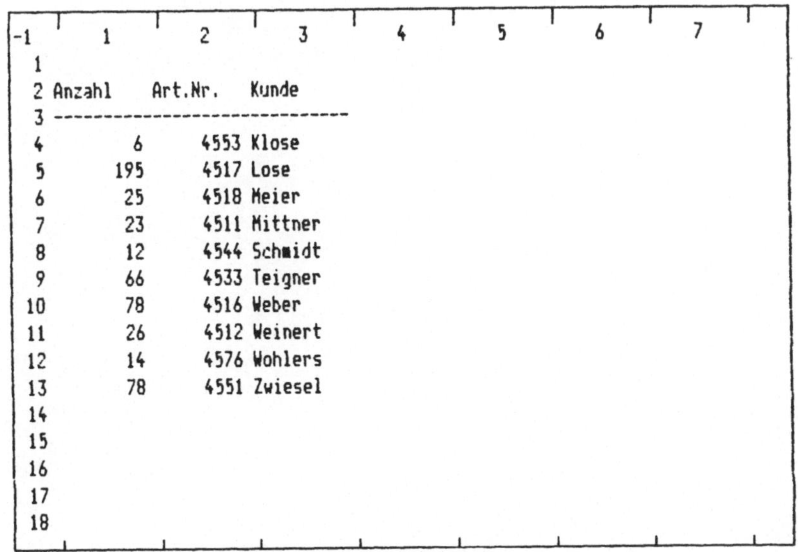

Bild 5.15

!! Bitte denken Sie an die Datensicherung !!

(Speichern Sie die Datei unter dem Namen *Löschen* ab).

5.9 Das Multiplan-Lernziel:
Radieren oder Löschen

Aufgabe:
Es sollen Bereiche aus dem Arbeitsblatt radiert oder gelöscht werden.

Ausführung:
1. Laden Sie die Datei *Löschen* in den Arbeitsspeicher.
2. Positionieren Sie den Cursor auf Feld Z4S1.
3. Wählen Sie den Befehl **Radieren** aus.
4. Geben Sie hinter Z4S1 einen *Doppelpunkt* ein, fahren Sie mit dem Cursor bis in Feld Z8S1, und bestätigen Sie die Eingabe mit der **Return**-Taste.

Bild 5.16

Wie Sie sehen, bleibt die Struktur der Zeilen und Spalten erhalten.

5. Positionieren Sie den Cursor auf Feld Z10S1.

6. Wählen Sie die Befehlsfolge **Löschen Spalte** aus.

7. Nehmen Sie die folgende Eingabe vor:

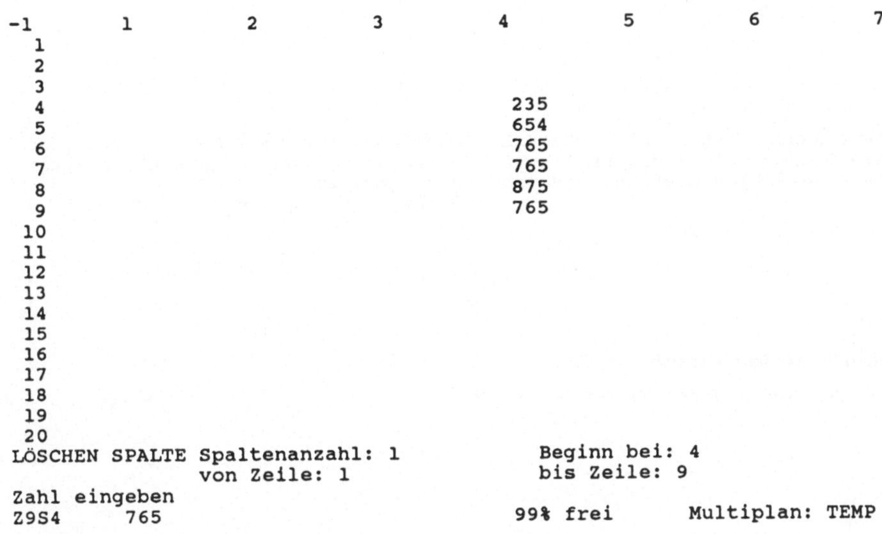

Bild 5.17

Anmerkung zum Radieren und Löschen

Beim **Radieren** bleiben die Zeilen- und Spaltenaufteilung des Arbeitsblattes erhalten. Beim **Löschen** rücken die Zeilen und Spalten auf, und es ergibt sich eine veränderte Aufteilung des Arbeitsblattes.

Bild 5.18

!! Bitte denken Sie an die Datensicherung !!

(Speichern Sie die Datei unter dem Namen *Radieren* ab).

5.10 Nun haben Sie es wirklich geschafft!

Wenn Sie sich einmal die Befehlszeile Ihres Multiplan-Programms ansehen, werden Sie feststellen, daß Sie mit Hilfe dieses Buches sämtliche Multiplan-Befehle kennengelernt haben.

Natürlich kann man nicht voraussetzen, daß Sie alle diese Befehle nun auch schon auswendig kennen und die Funktionsweise vollständig beherrschen. Wenn Sie einmal nicht mehr weiter wissen, steht Ihnen eine umfangreiche VORGANGSLISTE der einzelnen Befehle zur Verfügung. Die Vorgangsliste besteht aus den Befehlen in alphabetischer Reihenfolge mit einer Vielzahl von Fragen, die üblicherweise beim anfänglichen Arbeiten mit Multiplan gestellt werden.

Natürlich steht Ihnen auch ein umfassendes Index-Verzeichnis zur Verfügung, und Sie können zwischendurch, wenn Sie schon etwas vertrauter mit dem System sind, auch den elektronischen Ratgeber von Multiplan über den Befehl Hilfe erreichen.

6 Mulitplan mit der MOUSE

Es soll eine kurze Einführung in die wichtigsten Handhabungen der MOUSE in Verbindung mit Multiplan gegeben werden. Um die MOUSE einzusetzen, muß zuerst die entsprechende Software geladen werden. Dabei ist zu beachten, ob es sich um eine serielle oder eine parallele MOUSE-Schnittstelle handelt. Wie die MOUSE im einzelnen bei den unterschiedlichen Programmen zu laden ist, kann dem MOUSE-Handbuch von Microsoft entnommen werden.
Für Multiplan mit einer „seriellen" MOUSE und einem PC mit 2 Laufwerken und dem MS-DOS Betriebssystem sieht der Ladevorgang folgendermaßen aus:

1. Das Betriebssystem muß geladen werden.
2. Die MOUSE-Diskette wird in Laufwerk A eingelegt.
3. Der Befehl *mouse/1* wird eingegeben und mit Return bestätigt.
4. Danach wird der Befehl *menu mpms* (für die MS-DOS Versionen!) eingegeben und ebenfalls mit Return bestätigt.
5. Das Kürzel *mp* für das Anwenderprogramm kann eingegeben werden.

Multiplan ist jetzt mit dem entsprechenden MOUSE-Driver geladen. Wenn Sie die MOUSE auf dem Schreibtisch bewegen, steuern Sie damit den Cursor auf dem Bildschirm.

6.1 Die beiden Unterbefehlsmenüs der MOUSE

Wenn Sie den rechten Knopf der MOUSE betätigen, können Sie im Multiplan-Befehlsmenü die einzelnen Befehle anwählen. Wenn Sie den Cursor auf einen Befehl positioniert haben und den linken MOUSE-Knopf betätigen, dann erscheint das nachfolgende MOUSE-Befehlsmenü:

```
-1     1        2        3        4        5        6        7
 1
 2
 3
 4
 5
 6
 7
 8
 9
10
11
12
13
14
15
16
17
18
BEFEHL: Text Ausschnitt Bewegen Druck Einfügen Format Genezu Hilfe Kopie Löschen
        Name Ordnen Quit Radieren Schutz übertragen Verändern Wert Xtern Zusätze
Einen Befehl auswählen oder Anfangsbuchstaben eingeben
Z2S1                                  99% frei      Multiplan: TEMP
```

Bild 6.1

Wenn Sie nun die MOUSE bewegen, bis das Wort CURSOR markiert ist, und dann erneut den rechten MOUSE-Knopf drücken, erscheint das zweite MOUSE-Befehlsmenü. Mit diesem Menü können Sie die Cursor-Steuerung beeinflussen.

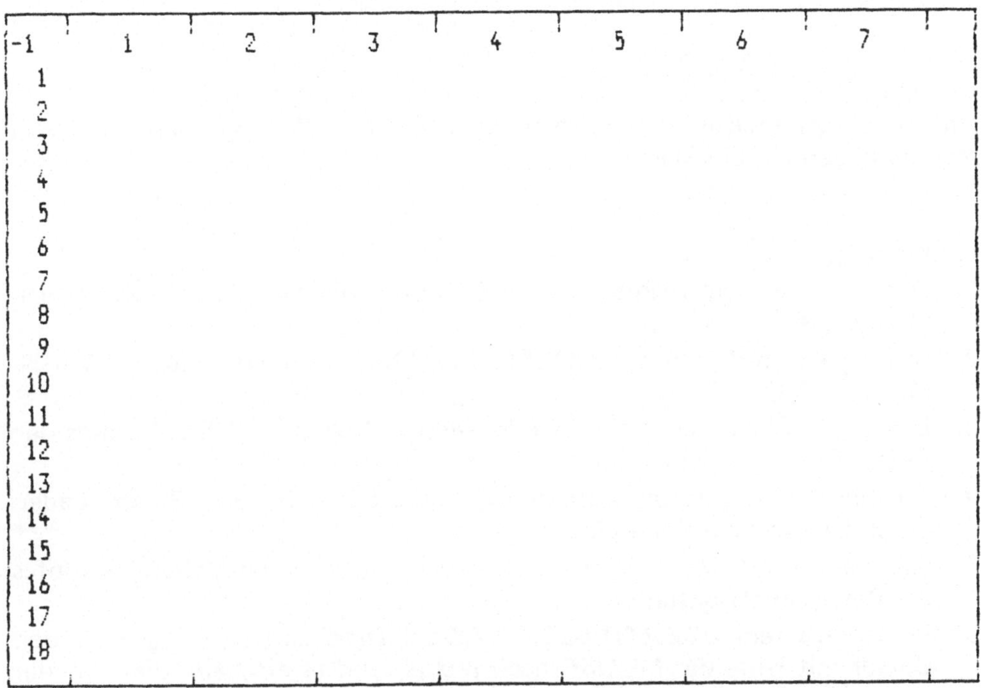

Bild 6.2

6.2 Das MOUSE-Lernziel:
Laden einer Datei in den Arbeitsspeicher

Wenn Sie in ein Unterbefehlsmenü geraten sind, in das Sie eigentlich nicht hinein wollten, betätigen Sie zweimal beide MOUSE-Knöpfe gleichzeitig.

Aufgabe:
Um an einem praktischen Beispiel zu arbeiten, laden Sie sich die Datei *Maschh* in den Arbeitsspeicher.

Ausführung:
1. Drücken Sie den rechten MOUSE-Knopf, bis der Befehl **Übertragen** markiert ist.
2. Wenn Sie nun den linken MOUSE-Knopf betätigen, erscheint das MAIN-Menü der MOUSE.
3. Bestätigen Sie durch erneutes Drücken des linken MOUSE-Knopfes den Befehl **Enter** aus dem Menü.
4. Da eine Datei geladen werden soll, bestätigen Sie den Befehl **Laden** durch Drücken des linken MOUSE-Knopfes.
5. Aus dem MAIN-Menü wird durch Drücken des linken MOUSE-Knopfes der Befehl **Enter** bestätigt.
6. Im Unterbefehl **ÜBERTRAGEN LADEN Dateiname:** Bewegen Sie den Cursor mit Hilfe der MOUSE nach rechts, und es erscheint die Liste der abgespeicherten Dateien.
7. Wählen Sie nun durch Bewegen der MOUSE die Datei Maschh aus, und bestätigen Sie die Auswahl mit dem linken MOUSE-Knopf. Beim ersten Drücken des MOUSE-Knopfes erscheint das MAIN-Menü der MOUSE. Hieraus wird der Befehl **Enter** bestätigt.

Die Datei Maschh wird jetzt in den Arbeitsspeicher geladen.

6.3 Das Arbeiten mit der MOUSE in einer fertigen Datei
Das MOUSE-Lernziel:
Cursor an den Anfang des Arbeitsblattes positionieren

Aufgabe:
Positionieren Sie den Cursor mit Hilfe der MOUSE auf Feld Z1S1.

Ausführung:
1. Betätigen Sie den linken MOUSE-Knopf, um ins MAIN-Menü zu gelangen.
2. Bewegen Sie die MOUSE, bis der Befehl **CURSOR** angewählt ist.
3. Betätigen Sie den linken MOUSE-Knopf, um ins CURSOR-Menü zu gelangen.
4. Bewegen Sie die MOUSE, bis der Cursor auf dem Befehl **Home** steht, und betätigen Sie den linken MOUSE-Knopf.

Anmerkung:
Dieser Vorgang entspricht dem Befehl HOME auf der Tastatur.

6.4 Das MOUSE-Lernziel:
Befehl Format Felder und MOUSE als Tabulator

Aufgabe:
Es soll ein bestimmter Bereich als DM-Wert formatiert werden.

Ausführung:
1. Positionieren Sie durch Bewegen der MOUSE den Cursor auf Feld Z36S8.
2. Wählen Sie mit dem rechten MOUSE-Knopf den Befehl **Format** an.
3. Drücken Sie den linken MOUSE-Knopf, um in das MAIN-Menü zu gelangen.
4. Betätigen Sie solange den linken MOUSE-Knopf, bis Sie in den Befehl **FORMAT FELDER:** gelangen.
5. Drücken Sie den linken MOUSE-Knopf, um in das Main-Menü zu gelangen.
6. Bewegen Sie die MOUSE, bis der Cursor auf dem Befehl **Cell** steht, und bestätigen Sie mit dem linken MOUSE-Knopf.
7. Betätigen Sie erneut den linken MOUSE-Knopf, und bewegen Sie die MOUSE, bis der Cursor auf dem Doppelpunkt steht.
8. Bestätigen Sie mit dem linken MOUSE-Knopf, und bewegen Sie die MOUSE, bis der Cursor im Arbeitsblatt auf Feld Z38S8 steht.
9. Drücken Sie den rechten MOUSE-Knopf, der als Tabulator gilt, bis sich der Cursor im Unterbefehlsmenü **Formatcode:** befindet.
10. Geben Sie hier D für **DM** ein; die **Dez-Stellen:** verändern sich automatisch auf 2.
11. Drücken Sie den linken MOUSE-Knopf, um in das MAIN-Menü zu gelangen, und bestätigen Sie mit dem rechten MOUSE-Knopf den Befehl **Enter.**

Der angegebene Bereich ist somit direkt als DM-Wert formatiert worden.

6.5 Das MOUSE-Lernziel:
Radieren von Bereichen

Aufgabe:
1. Die überflüssigen DM-Eintragungen in den Feldern Z36:38S9 sollen unter Anwendung der MOUSE radiert werden.

Ausführung:
1. Bewegen Sie die MOUSE, bis der Cursor auf Feld Z36S9 positioniert ist.
2. Drücken Sie den rechten MOUSE-Knopf, bis der Befehl **Radieren** angewählt ist.
3. Rufen Sie durch Drücken des linken MOUSE-Knopfes das MAIN-Menü auf, und bestätigen Sie den Befehl **Enter** mit dem rechten MOUSE-Knopf.
4. Drücken Sie den linken MOUSE-Knopf, bewegen Sie die MOUSE, bis der Cursor auf dem Doppelpunkt steht, und bestätigen Sie mit dem linken MOUSE-Knopf.
5. Bewegen Sie die MOUSE, bis der Cursor auf Feld Z38S9 steht.
6. Rufen Sie durch Drücken des rechten MOUSE-Knopfes das MAIN-Menü auf, und bestätigen Sie die Eingabe mit dem rechten MOUSE-Knopf.

Die Felder sind aus dem Arbeitsblatt radiert worden.

7 Datenübertragung zwischen Microsoft-Softwarepaketen

Für den Benutzer ist es häufig wichtig, Dateien zwischen Softwarepaketen ohne große Schwierigkeiten austauschen zu können. In den drei folgenden kleinen Unterkapiteln wird die Verbindung zwischen Multiplan und einerseits Word und andererseits Chart erklärt.

7.1 Die Verbindung zwischen Multiplan und Word

Es ist möglich, Dateien, die in Multiplan erstellt worden sind, in Word aufzurufen und zu bearbeiten. So können Sie z. B. Masken für Rechnungsformulare in Word erstellen, Textstellen hervorheben (z. B. durch Fettdruck), oder nur bestimmte Teile einer Multiplan-Datei (evtl. einzelne Zahlenwerte) in Word übernehmen.

Allerdings kann nicht einfach irgendeine beliebige Multiplan-Datei in Word übernommen werden; es ist eine besondere Art der Abspeicherung erforderlich.

In Multiplan gehen Sie folgendermaßen vor:

1. Ein Multiplan Arbeitsblatt wird erstellt, und im Befehl DRUCK RAND-BEGRENZUNGEN wird die Druckbreite auf 230 eingestellt.
2. Die Befehlsfolge **ÜBERTRAGEN OPTIONEN Format:** wird angewählt.
3. Das Format **Symbolisch** wird ausgewählt und der Befehl mit der Return-Taste bestätigt.
4. Danach wird die Befehlsfolge **DRUCK: Platte Diskette** angewählt.
5. In das Unterbefehlsmenü **DRUCK Ausgabe auf Platte Diskette:** wird der Dateiname eingegeben, den Sie für das entsprechende Arbeitsblatt vergeben wollen.

Es handelt sich also um eine andere Art der Abspeicherung. Eine Multiplan-Datei, die, wie oben beschrieben, abgespeichert wurde, kann später nur in Word geladen werden, nicht mehr in Multiplan. Sollten Sie die angefertigte Datei in Multiplan weiter verwenden wollen, müssen Sie sie einmal **Normal** und einmal **Symbolisch** unter einem anderen Dateinamen abspeichern.

7.2 Die Verbindung zwischen Multiplan und Chart

Es ist möglich, Daten aus einer Multiplan-Datei in eine Chart-Datei zu übernehmen. Sollen also in Multiplan errechnete Werte mit Hilfe des Anwenderprogrammes Chart als Diagramm dargestellt werden, müssen diese Daten nicht noch einmal eingegeben werden, sondern sie können durch eine Xterne Kopie nach Chart hin übernommen werden.

Sie brauchen in Ihrer Multiplan-Datei für die entsprechenden Bereiche, in denen die Zahlenwerte stehen, die Sie übernehmen wollen, lediglich einen oder mehrere **Namen** zu vergeben. Sie gehen also genauso vor, als würden Sie eine Xtern-Kopie in Multiplan vorbereiten.

In dem Anwenderprogramm Chart können die vergebenen **Namen** dann an entsprechender Stelle aufgerufen werden.

Anhang A

Lösung zu Übung I (2.6.9)

1. Positionieren Sie den Cursor auf Feld Z7S1.
2. Geben Sie den Text *Effektiver Jahreszins* ein.
3. Verbreitern Sie mit dem Befehl **FORMAT BREITE DER SPALTEN** *22* die Spalte 1.
4. Positionieren Sie den Cursor auf Feld Z9S1, und geben Sie *zehnmal* den *Bindestrich* ein.
5. Kopieren Sie den Bindestrich mit dem Befehl **KOPIE RECHTS Anzahl Kopien:** *5.*
6. Korrigieren Sie den Strich in Zeile 9.
7. Geben Sie die Texte in Spalte 1 ein.
8. Geben Sie die Zahl *80000* in Feld Z10S3 ein.
9. Formatieren Sie den Wert mit:

   FORMAT FELDER   **Formatcode: Fest**   **Dez-Stellen:** *2*
10. Geben Sie die Zahl *98* in Feld Z11S2 ein.
11. Geben Sie die Zahl *12* in Feld Z12S2 ein.
12. Geben Sie in Feld Z13S2 die Zahl *7* ein.
13. Geben Sie in Feld Z14S2 die Zahl *380* ein, und formatieren Sie das Feld als **Fest** mit **Dez-Stellen:** *2.*
14. Positionieren Sie den Cursor auf Feld Z15S2.
15. Drücken Sie die Taste **W** für **Wert**.
16. Fahren Sie mit dem Cursor auf die *80000*, geben Sie das *Multiplikationszeichen* * ein, geben Sie das Zeichen für *Klammer auf* (ein, schreiben Sie die Zahl *100*, geben Sie das *Minuszeichen* − ein, fahren Sie mit dem Cursor auf die 98, machen Sie die *Klammer zu*) , geben Sie ein Prozentzeichen % ein. Drücken Sie die **RETURN**-Taste.
17. Positionieren Sie den Cursor auf Feld Z17S2, multiplizieren Sie die Felder mit dem Inhalt *80000, 98* miteinander, und geben Sie ein *Prozentzeichen* dahinter ein.
18. Formatieren Sie die Felder Z17:22S2 als **Fest** mit *2* **Dez-Stellen**.
19. Positionieren Sie den Cursor auf Feld Z18S2, fahren Sie mit dem Cursor auf die Zahl *80000*, drücken Sie das *Multiplikationszeichen*, fahren Sie mit dem Cursor auf die Zahl 12, und schreiben Sie ein *Prozentzeichen* dahinter. Bestätigen Sie mit **RETURN**.
20. Positionieren Sie den Cursor auf Feld Z19S2, fahren Sie mit dem Cursor auf das Feld mit dem Inhalt *380*, geben Sie das Divisionszeichen (/) ein,

positionieren Sie den Cursor auf das Feld mit dem Inhalt *7*, und drücken Sie die **RETURN**-Taste.

21. Positionieren Sie den Cursor auf Feld Z20S2, fahren Sie mit dem Cursor auf das Feld mit dem Inhalt *1600*, geben Sie das *Divisionszeichen* ein, und fahren Sie mit dem Cursor auf das Feld mit dem Inhalt *7*. Bestätigen Sie mit der **RETURN**-Taste.

22. Positionieren Sie den Cursor auf Feld Z21S2, und addieren Sie die Werte *Zins pro Jahr, Gebühren pro Jahr, Disagio pro Jahr*. Bestätigen Sie mit der **RETURN**-Taste.

23. Positionieren Sie den Cursor auf Feld Z22S2.

24. Fahren Sie mit dem Cursor auf den Wert *9822,86*, geben Sie das *Multiplikationszeichen* * ein, schreiben Sie die Zahl *100*, geben Sie das *Divisionszeichen* / ein, und fahren Sie mit dem Cursor auf das Feld mit dem Wert *78400*. Bestätigen Sie mit der **RETURN**-Taste.

25. Geben Sie die Texte in Spalte 3 ein.

Vergleichen Sie Ihre Formeleintragungen mit den Formeln, die Sie auf dem nachfolgendem Bildschirm sehen:

```
-1              1               2               3
  6
  7 "Effektiver Jahreszins
  8
  9 "----------"      "----------"      "----------"
 10 "Kreditbetrag"    80000             "DM"
 11 "Auszahlungssatz" 98                "%"
 12 "Zinssatz"        12                "%"
 13 "Laufzeit"        7                 "Jahre"
 14 "Gebühren"        380               "DM"
 15 "Disagio"         Z(-5)S*(100-Z(-4)S)%"DM"
 16
 17 "Auszahlungsbetrag" Z(-7)S*Z(-6)S%   "DM"
 18 "Zins pro Jahr"   Z(-8)S*Z(-6)S%    "DM"
 19 "Gebühren pro Jahr" Z(-5)S/Z(-6)S    "DM"
 20 "Disagio pro Jahr" Z(-5)S/Z(-7)S    "DM"
 21 "Jährl. Belastung" Z(-3)S+Z(-2)S+Z(-1)S"DM"
 22 "Effektiver Zinssatz" Z(-1)S*100/Z(-5)S  "%"
 23

BEFEHL: Text Ausschnitt Bewegen Druck Einfügen Format Gehezu Hilfe Kopie Löschen
        Name Ordnen Quit Radieren Schutz übertragen Verändern Wert Xtern Zusätze
Einen Befehl auswählen oder Anfangsbuchstaben eingeben
Z7S1    "Effektiver Jahreszins"    96% frei    Multiplan:
```

Bild 1

Lösung zu Übung II Wareneingang (3.3.10)

1. Positionieren Sie den Cursor auf Feld Z6S1.

2. Wählen Sie den Befehl **Text** an, und geben Sie das Wort *Wareneingang* ein.

3. Wählen Sie den Befehl **FORMAT FELDER** aus, geben Sie in der Bereichsangabe *Z6S1:3* ein, und wählen Sie den **Formatcode Zusamm.**

4. Geben Sie die Texte in Z6:8S1:7 ein.

5. Positionieren Sie den Cursor auf Feld Z9S1, und geben Sie mit Hilfe des Befehls **Text** *zehnmal* den *Bindestrich* ein.

6. Kopieren Sie die Unterstreichung bis in Spalte 7. Wählen Sie dazu den Befehl **KOPIE RECHTS Anzahl der Kopien:** *6*.

7. Verändern Sie die Breite der Spalte 1 auf *4* Zeichen, wählen Sie dazu den Befehl **FORMAT BREITE DER SPALTEN**, und geben Sie bei **Standard:** *4* ein.

8. Positionieren Sie den Cursor auf Feld Z10S2, und verändern Sie die Breite der Spalte auf *12* Zeichen.

9. Korrigieren Sie die Unterstreichung in Z9S2.

10. Verändern Sie die Breite der Spalte 3 auf *6* Zeichen.

11. Verändern Sie die Breite der Spalte 4 auf *5* Zeichen.

12. Verändern Sie die Breite der Spalte 5 auf *6* Zeichen.

13. Verändern Sie die Breite der Spalte 6 auf *12* Zeichen, und korrigieren Sie die Unterstreichung in Zeile 9.

14. Verändern Sie die Breite der Spalte 7 ebenfalls auf *12* Zeichen, und korrigieren Sie die Unterstreichung.

15. Geben Sie die Texte und die Zahlwerte in den Feldern Z10:18S1:6 ein.

16. Formatieren Sie die Felder *Z10:18S6* als *DM*-Beträge.

17. Wählen Sie dazu den Befehl **FORMAT FELDER** aus.

18. Geben Sie die entsprechende Bereichsangabe ein, und wählen Sie den **Formatcode:** *DM* aus.

19. Positionieren Sie den Cursor auf Feld Z10S7.

20. Wählen Sie den Befehl **Wert** aus, und fahren Sie mit dem Cursor auf Feld Z10S5.

21. Geben Sie das *Multiplikationszeichen* ein, und fahren Sie mit dem Cursor auf Feld Z10S6. Bestätigen Sie die Formeleingabe mit der **RETURN**-Taste.

22. Kopieren Sie die eingegebene Formel bis in Zeile 18 nach unten. Wählen Sie dazu den Befehl **KOPIE NACH UNTEN** aus, und geben Sie bei **Anzahl:** *8* ein.

23. Formatieren Sie die Felder Z10:18S7 als DM-Beträge.

24. Wählen Sie dann den Befehl **FORMAT FELDER** aus.

25. Geben Sie die entsprechende Bereichsangabe ein, und wählen Sie den **Formatcode:** *DM* aus.

26. Positionieren Sie den Cursor auf Feld Z19S1, und geben Sie mit Hilfe des Befehls **Text** den *Bindestrich* ein.

27. Kopieren Sie die Unterstreichung bis in Spalte 7. Wählen Sie dann den Befehl **KOPIE RECHTS Anzahl der Kopien:** *6*.

28. Korrigieren Sie die Unterstreichung in Z19.

29. Positionieren Sie den Cursor auf Feld Z20S6, und geben Sie unter dem Befehl **Text** das Wort *Gesamtwert* ein.

30. Positionieren Sie den Cursor auf Feld Z20S7.

31. Wählen Sie den Befehl **Wert**, und geben Sie folgende Formel ein:

   SUMME(Z10:18S7)

32. Formatieren Sie den Wert als *DM*-Betrag.

33. Positionieren Sie den Cursor auf Feld Z10S3, und vergeben Sie für den Bereich Z10:18S3:7 den Namen *kopie*.

34. Wählen Sie dazu den Befehl **Name** an, geben Sie das Wort *kopie* ein und geben Sie die entsprechende Bereichsangabe an. Bestätigen Sie die Eingabe mit der **RETURN**-Taste.

Wenn Sie alle Eingaben richtig vorgenommen haben, sollte der Ausdruck Ihres Bildschirms wie folgt aussehen:

```
-1   1     2        3     4    5      6         7          8
  6 Wareneingang                        Rechn.
  7 Lfd.            Rechn. Art.          betrag
  8 Nr. Lieferant   Nr.    Nr.  Menge   Preis   netto
  9 ------------------------------------------------------------
 10  1  Riefenbruch 12345  1021  10   1354,00 DM 13540,00 DM
 11  2  Meierling   12356  1236  25    213,00 DM  5325,00 DM
 12  3  Weber       12348  2513   5   1245,00 DM  6225,00 DM
 13  4  Otter       12399  6523   4   2341,00 DM  9364,00 DM
 14  5  Niemann     12366  6598   3   1254,00 DM  3762,00 DM
 15  6  Kurzer      12347  4584   6   2584,00 DM 15504,00 DM
 16  7  Rather      12322  4565   3   1596,00 DM  4788,00 DM
 17  8  Naumann     12333  5625   5   3541,00 DM 17705,00 DM
 18  9  Weinmann    12300  9653   7   2582,00 DM 18074,00 DM
 19 ------------------------------------------------------------
 20                               Gesamtwert 94287,00 DM
 21
 22
 23
```

Bild 2

```
BEFEHL: Text Ausschnitt Bewegen Druck Einfügen Format Gehezu Hilfe Kopie Löschen
        Name Ordnen Quit Radieren Schutz übertragen Verändern Wert Xtern Zusätze
Einen Befehl auswählen oder Anfangsbuchstaben eingeben
Z23S7                      93% frei       Multiplan:
```

!! Bitte denken Sie an die Datensicherung !!

(**Übertragen Speichern** Dateiname)

Lösung zu Übung II Optimale Bestellung (3.3.10)

Fortsetzung

Löschen Sie den Bildschirm

1. Positionieren Sie den Cursor auf Feld Z8S1.
2. Wählen Sie den Befehl **Text** an, und geben Sie *Optimale Bestellung* ein.
3. Wählen Sie den Befehl **FORMAT FELDER** an, geben Sie in der **Bereichsangabe** *Z8S1:4* an und den **Formatcode: Zusamm.**
4. Geben Sie sämtliche Texte in Z9:11S1:15 ein, und positionieren Sie den Cursor auf Feld Z8S14.
5. Wählen Sie den Befehl **FORMAT FELDER** an, und vergeben Sie für dieses Feld den **Formatcode: %.** Geben Sie dann in dieses Feld die Zahl *0,12* ein.
6. Geben Sie die Unterstreichung in Spalte 1 ein, und kopieren Sie die Unterstreichung bis in Spalte 15 mit dem Befehl **KOPIE RECHTS Anzahl der Kopien:** *14*.
7. Verändern Sie die Breite der Spalten 1 bis 15 folgendermaßen:
8. Positionieren Sie den Cursor auf Feld Z13S1, geben Sie den Befehl **FORMAT BREITE DER SPALTEN** ein und eine *4* an.
9. Spalte 2 hat eine Breite von *6*
   Spalte 3 hat eine Breite von *5*
   Spalte 4 hat eine Breite von *5*
   Spalten 5 bis 6 haben jeweils eine Breite von *12*
   Spalten 7 bis 9 haben eine Breite von *10* (Standard)
   Spalten 10 bis 12 haben eine Breite von *8*
   Spalten 13 bis 15 haben eine Breite von *12*
10. Positionieren Sie den Cursor auf Feld Z13S2.
11. Geben Sie den Befehl **XTERN KOPIE von Tabelle: Warenein Bereichsname:** *kopie* **nach: Z13S2 verbunden: Ja.** Bestätigen Sie die Eingaben mit der **RETURN**-Taste.
12. Positionieren Sie den Cursor auf Feld Z13S1, und geben Sie die laufenden Nummern ein.
13. Positionieren Sie den Cursor auf Feld Z13S7, und geben Sie die Zahl *30* ein.
14. Kopieren Sie die Zahl *30* mit dem Befehl KOPIE NACH UNTEN **Anzahl der Kopien:** *8*.
15. Gehen Sie in den Befehl **FORMAT FELDER**, drücken Sie in der Bereichsangabe einen *Doppelpunkt*, fahren Sie mit dem Cursor bis in Zeile 21 nach unten, und wählen Sie den **Formatcode: DM** aus. Verfahren Sie mit der Spalte 8 genauso, nur geben Sie anstatt der Zahl *30* die Zahl *10* an.
16. Positionieren Sie den Cursor auf Feld Z13S9.

17. Wählen Sie den Befehl **Wert** aus, fahren Sie mit dem Cursor auf Feld Z13S7, drücken Sie das *Pluszeichen*, fahren Sie mit dem Cursor auf das Feld Z13S8 und bestätigen Sie die Eingabe mit der **RETURN**-Taste.

18. Positionieren Sie den Cursor auf Feld Z13S10.

19. Wählen Sie den Befehl **Wert** aus, und fahren Sie mit dem Cursor um − 6 Spalten nach links, nämlich auf das Feld Z13S4. Bestätigen Sie die Eingabe mit der **RETURN**-Taste.

20. Die Werte in Spalte 11 sind einzugeben.

21. Positionieren Sie den Cursor auf Feld Z13S12, wählen Sie den Befehl **Wert** aus, und geben Sie die Formel **ZS(−2)−ZS(−1)** ein. Bestätigen Sie die Eingabe mit der **RETURN**-Taste.

22. Positionieren Sie den Cursor auf Feld Z13S13, geben Sie dort die Formel **ZS(−1)∗ZS(−8)** ein. Bestätigen Sie die Eingabe mit der **RETURN**-Taste.

23. Positionieren Sie den Cursor auf Feld Z13S14, und geben Sie die Formel **ZS(−1)∗prozent** ein.

24. Positionieren Sie den Cursor auf Feld Z13S15, und geben Sie die Formel **ZS(−1)+ZS(−6)** ein.

25. Fahren Sie mit dem Cursor zurück auf Feld Z13S9, und kopieren Sie die Formel bis in Zeile 21 nach unten. Wählen Sie dazu den Befehl **KOPIE NACH UNTEN Anzahl der Kopien:** *8* aus. Bestätigen Sie die Eingabe mit der **RETURN**-Taste.

26. Verfahren Sie mit den Formeln in Z13S10, Z13S12, Z13S13, Z13S14 und Z13S15 genauso.

27. Fahren Sie mit dem Cursor zurück auf Feld Z13S9, und formatieren Sie den ganzen Bereich als DM-Werte.

28. Das heißt: Wählen Sie den Befehl **FORMAT FELDER** aus, geben Sie einen *Doppelpunkt* ein, und fahren Sie mit dem Cursor bis in Zeile 21 nach unten.

29. Wählen Sie den **Formatcode:** *DM* aus, und bestätigen Sie die Eingabe mit der **RETURN**-Taste.

30. Verfahren Sie mit den Spalten 13, 14 und 15 genauso.

Lösung zu Übung III (4.18)

1. Geben Sie die Texte in Felder Z1:6S1:7 ein.

2. Das Feld Z4S7 ist eine **WERT**-Eingabe!

3. Kopieren Sie die Unterstreichung nach Eingabe der Bindestriche um *4* Felder nach rechts.

4. Geben Sie die Zahlen in Z9:13S6 ein.

5. Formatieren Sie nun die Felder Z9:13S7 mit dem Befehl **FORMAT FELDER Formatcode: % Dez-Stellen:** *1*.

6. Geben Sie dann die entsprechenden Prozentsätze ein. Achten Sie dabei auf die Eingabe *0,02* um eine Anzeige von 2,0 % zu erreichen.

7. Vergeben Sie den **Namen:** *tabelle* für Bereich: *Z9:13S6:7*.

8. Positionieren Sie den Cursor auf Feld Z8S2, und geben Sie die folgende Formel ein

   SUCHEN(ZS(−1);tabelle)

9. Kopieren Sie die Formel mit Hilfe der Befehlsfolge **KOPIE NACH UN-TEN Anzahl Kopien:** *4* **bis in Zeile:** *13*.

10. Schreiben Sie die Zahl *100* in Feld Z8S1.

11. Vergeben Sie folgende

Namen:	**Bereichsangabe:**
anzahl	*Z8:13S1*
stückpreis	*Z4S7*
prozent	*Z8:13S2* .

12. Positionieren Sie den Cursor auf Feld **Z8S3** und geben Sie die folgende Formel ein

   anzahl∗stückpreis∗prozent

13. Kopieren Sie die Formel bis in Zeile 13 **Nach Unten.**

14. Positionieren Sie den Cursor auf Feld **Z8S4** und geben Sie die folgende Formel ein

   anzahl∗stückpreis−ZS(−1)

15. Kopieren Sie die Formel bis in Zeile 13 **Nach Unten.**

16. Positionieren Sie den Cursor auf Feld **Z8S5** und geben Sie die folgende Formel ein

   ZS(−1)/ZS(−4)

17. Kopieren Sie die Formel bis in Zeile 13 **Nach Unten.**

18. Kopieren Sie die Unterstreichung aus Feld Z14S1 um 4 Felder nach rechts.

19. Positionieren Sie den Cursor auf Feld Z8S2, wählen Sie den Befehl **SCHUTZ Felder:** Z8:13S2 **Status:** (Geschützt) aus.

20. Schützen Sie die Formeln in den Spalten 3, 4 und 5 mit den jeweiligen Bereichsangaben ebenfalls.

Lösung zur Zusatzübung:

Spalte 2 = **WENN(ZS(−1) > 0;SUCHEN(ZS(−1);tabelle);" ")**

Spalte 3 = **WENN(ZS(−2) > 0;anzahl∗stückpreis∗prozent;" ")**

Spalte 4 = **WENN(ZS(−3) > 0;anzahl∗stückpreis−ZS(−1)**

Spalte 5 = **WENN(ZS(−4) > 0;ZS(−1)/ZS(−4);" ")**

Anhang B

Vorgangsliste

Vorgang	Befehlsfolge

Arbeitsblätter verbinden

— Arbeitsblätter verbinden?

EXTERN KOPIE von Tabelle: (Dateiname)
Bereichsname: (name)
nach: (Cursorposition
verbunden: (Ja)Nein

Ausschnitt

— waagerechten
Ausschnitt einrichten?

AUSSCHNITT TEILEN WAAGERECHT
bei Zeile: X verbunden: Ja (Nein)

— senkrechten
Ausschnitt einrichten?

AUSSCHNITT TEILEN SENKRECHT
bei Spalte: X verbunden: Ja (Nein)

— Rahmen um den Ausschnitt?

AUSSCHNITT UMRAHMEN
ändern in Ausschnitt Nummer: X

— den Ausschnitt löschen?

AUSSCHNITT LÖSCHEN
Ausschnitt Nummer: X

Bewegen

— Zeile an andere Stelle bringen?

BEWEGEN ZEILEN von Zeile: X
bis vor Zeile: Y Zeilenzahl: Z

— Spalte an andere Stelle bringen?

BEWEGEN SPALTEN von Spalte: X
bis vor Spalte: Y Spaltenzahl: Z

Bildschirm löschen

— Bildschirm freimachen?

ÜBERTRAGEN BILDSCHIRM-
LÖSCHEN: Zur Bestätigung „J" eingeben

Datei löschen

— eine Datei von der Diskette löschen?

ÜBERTRAGEN DATEILÖSCHEN Dateiname:

— einer Datei einen anderen Namen
geben?

ÜBERTRAGEN UMBENENNEN Dateiname: (neuen Dateinamen eingeben)

Drucken

- bestimmten Bereich drucken?
- Formeln ausdrucken?
- Zeilen- oder Spaltennummern mit
  ausdrucken?
- Satzspiegel ändern?

DRUCK OPTIONEN: Bereich: (Angabe)
DRUCK OPTIONEN: Formeln: Ja (Nein)
DRUCK OPTIONEN
Zeilen/Spaltennummern: Ja (Nein)
DRUCK RANDBEGRENZUNGEN:
Links: X Oben: X Druckbreite: X
Drucklänge: X Seitenlänge: X

Einfügen

- eine Zeile vergessen?

EINFÜGEN ZEILE
Zeilenzahl: X vor Zeile: X
von Spalte: X bis Spalte: X

Formate

- Prozentwerte eingeben?

- Zahl mit Kommastellen?

FORMAT FELDER: (Bereichsangabe)
Formatcode: (%)
FORMAT FELDER: (Bereichsangabe)
Formatcode: (Fest) Dez-Stellen: X

Gehezu

- zu einem vergebenen Namen springen?
- an eine bestimmte Stelle im Arbeitsblatt springen?
- an eine bestimmte Stelle im Ausschnitt springen?

GEHEZU Name: (Namen eingeben)
GEHEZU Zeile: X Spalte: X

GEHEZU AUSSCHNITT Nummer: X
Zeile: X Spalte: X

Kopie

- Texte, Werte oder Formeln kopieren?

- Felder beim Kopieren überspringen?

KOPIE RECHTS Anzahl Kopien: X
Beginn bei: (Cursorposition)
KOPIE NACH UNTEN Anzahl Kopien: X
Beginn bei: (Cursorposition)
KOPIE VON Feld: XY in Feld: XY

Laden

- Datei in den Arbeitsspeicher laden?

ÜBERTRAGEN LADEN Dateiname:

Laufwerk

- das entsprechende Laufwerk vor dem
  Speichern ansprechen?

ÜBERTRAGEN OPTIONEN Format:
(Normal)
Laufwerk/Inhaltsverzeichnis: (B:)

Löschen

— überflüssige Zeile herausnehmen?

LÖSCHEN ZEILE Zeilenzahl: X
Beginn bei: X
von Spalte: X bis Spalte: X

— überflüssige Spalten herausnehmen?

LÖSCHEN SPALTE Spaltenzahl: X
Beginn bei: X
von Zeile: X bis Zeile: X

Namen

— einen Namen für einen bestimmten
Bereich vergeben?

NAMEN: Namen eingeben: (name)
Bereichsangabe: (Bereich)

Ordnen

— Texte oder Zahlenwerte sortieren?

ORDNEN der Spalte: X
von Zeile: X bis Zeile: X
Sortierfolge: (_) |

Radieren

— falsche Eingabe?

RADIEREN Felder: (Bereichsangabe)

Schutz

— ein Feld gegen Überschreiben schützen?
— das gesamte Arbeitsblatt schützen?

SCHUTZ Felder: XY Status: (Geschützt)
SCHUTZ Rechenformeln:
Zur Bestätigung „J" eingeben

Spalten

— Spalte zu schmal?
— Spalte zu breit?
— eine Spalte zuviel?
— eine Spalte zuwenig?
— überflüssige Eingaben?

FORMAT BREITE DER SPALTE
FORMAT BREITE DER SPALTE
LÖSCHEN: Zeile **Spalte**
EINFÜGEN: Zeile **Spalte**
RADIEREN Felder: (Bereichsangabe)

Speichern

— Dateien speichern?

ÜBERTRAGEN SPEICHERN Dateiname:

Texte

— Wort zu lang?
Formatcode: (Zusamm)
— falsche Eingabe?

FORMAT FELDER: (Bereichsangabe)

RADIEREN Felder: (Bereichsangabe)

Zahlen

— normale Eingabe?

WERT:
(oder direkte Eingabe)

— Kommastellen eingeben?
Formatcode: (Fest) Dez-Stellen: X

FORMAT FELDER: (Bereichsangabe)

Zeichen löschen

— ein Zeichen falsch eingegeben?

CTRL-L ein Zeichen nach rechts
CTRL-K ein Zeichen nach links
CTRL-H ein Zeichen löschen

Zeilen

— eine Zeile zuviel?
— eine Zeile zuwenig?

LÖSCHEN: **Zeile** Spalte
EINFÜGEN: **Zeile** Spalte